聖經研究叢書

天國就在我們中間

馬太福音登山寶訓解經研究

曾思瀚　著　吳瑩宜　譯

▼

聖經研究叢書

天國就在我們中間

馬太福音登山寶訓解經研究

Wise Relationships for God's People

Reading the Sermon on the Mount as Wisdom Literature

作者

曾思瀚 Sam Tsang

譯者

吳瑩宜

劉紹玲(導論)

責任編輯

蔡錦圖

裝幀設計

奇文雲海・設計顧問

■

出版／發行

基道出版社

香港沙田火炭坳背灣街 26 號富騰工業中心 10 樓 1011 室

LOGOS PUBLISHERS

Unit 1011, 10/F, Fo Tan Ind. Centre, 26 Au Pui Wan St., Shatin, Hong Kong

電話：(852) 2687-0331　傳真：(852) 2687-0281

網址：https://www.logos.com.hk

承印

陽光(彩美)印刷有限公司

●

7/2007 初版

Cat. No. LP165A

ISBN: 978-962-457-335-0

刷次	12	11	10	9	8	7	6	5	4	3
年份	2032	2031	2030	2029	2028	2027	2026	2025	2024	2023

張略序

筆者在接到曾思瀚博士的《天國就在我們中間——馬太福音登山寶訓解經研究》的手稿時，正在預備在神學院教授「登山寶訓釋義」這科目，因此喜得曾博士著作的手稿。毫無疑問的，若他日有機會再教授此科，定必推薦本書作為必讀的中文課本。

本書揉合註釋和釋義，兩者並重。在詮釋上，作者不單關注寶訓與上下文理的關係，並拒絕將馬太福音的言論與敘事嚴格地劃分，視言論為整體馬太福音的大敘事的一部分，將寶訓置於整本書的文理中去理解，也將寶訓的信息，置於耶穌有關天國的教訓中去理解。曾博士能恰到好處地將聖經文學的研究和聖經神學的主題連貫起來，實在難得。

曾博士在詮釋寶訓的六項對比時（太五21～48），分析入微，向讀者介紹當時猶太社會中對如休妻、起誓等課題的看法，這對認識寶訓的信息，特別是這些教訓與耶穌身處社會文化之異同，有極大的幫助。更具特色的是，曾博士將這六個對比與八福拉上密切的關係，這是相當有識見的；事實上，八／九福就好像八／九個透視鏡一樣，透過它們，我們可以對寶訓的其他教訓，有多重多面的體會。作者又討論寶訓如何應用在教會和我們所處的後現代社會中，對性與婚姻（離婚）、起誓、政府權威、人際關係等課題，對聖俗的分野、賞罰觀、金錢觀等作出省思，帶領讀者回應上帝透過耶穌所說的寶訓，走上困難的生命路。

本書每課都附有反省的問題，透過耶穌寶訓的教導，帶引讀者從他們個別的處境和經驗，進入反思的過程，確能做到釋經與應用並重。應用方面也不只局限於個人方面的反省，正如這書的題目「天國就在我們中間」所示，也有就中國教會的歷史經驗，教會在社會文化上所扮演的角色，透過經文作深切的省思。我相信這是華人聖經著作所應具的，是釋經與應用兼備，此書能做到這點。

本書實為閱讀寶訓極佳的指南，本人誠意的推薦本書給華人教會。華人年青的聖經學者輩出，實為華人教會之福。

張略　於

香港　中國神學研究院

二零零七年一月

自　序

如同我其他多項的寫作計劃一樣，這本書也源自我的講台事奉。多年前當我還是一個碩士研究生時，我已經被登山寶訓所提出的諸多問題所吸引。本書嘗試為這些問題提供答案，但若沒有一些非常親愛的同工相助，本書將無法付之實現。

我衷心感謝中國神學研究院的張略博士，他為本書提供建設性的建議，並且撰寫前言。他也是我的好友。雖然我們僅藉電子郵件與電話交談彼此相識，但我們共同著手的寫作計劃與彼此間的通訊，卻讓我更進一步認識張略博士精深的學術研究，以及他平易近人的溫情友誼。他所出版的博士論文 *The Genre, Composition and Hermeneutics of the Epistle of James*，刺激我思考登山寶訓的體裁。[1] 我非常感激我的翻譯者吳瑩宜姊妹，她在文學上的藝術手筆繼續令我驚訝。劉紹玲姊妹也值得一提，因為她在本書的萌芽階段，為我作了一些翻譯工作。我也必須向我多年教導的無數學生與教會的弟兄姊妹獻上真誠的謝意；因為他們不但包容我的不完全，並且繼續以富挑戰性的問題，刺激我對登山寶訓的更深了解。此外，我還要感謝基道出版社的蔡錦圖弟兄。雖然蔡錦圖弟兄以及他的同工僅僅看過我的初稿，卻逕先與我聯繫有關出版的事宜。我祈求本書的最後完稿，能夠回報他們對本書的信心。最後，尤其值得一提的是我的妻子與兩個兒子，他們在生命中的同行，為我提供屬靈成長的佳美良機。願一切榮耀歸與神！

註 釋：

1 Luke Cheung, *The Genre, Composition and Hermeneutics of the Epistle of James* (Milton Keynes: Paternoster, 2003).

目 錄

導　論

馬太福音五至七章的登山寶訓，是最傑出的倫理講論佳作。但更重要的是，它不僅是「新的律法」，並且還具智慧文學的形式；因此，它要求聆聽者將所聽見的與心靈及行動連結在一起。早在貝茨（H-D Betz）博學的釋經書中，我們就發現登山寶訓與聖經內或外的猶太智慧文學有許多形式上的平行之處。[1] 多年來，我一直被登山寶訓所深深吸引。當我愈往深處挖掘經文意義時，我愈發現豐富的屬靈寶藏。巴克萊（William Barclay）的《每日讀經釋義》（*Daily Study Bible Series*）經典釋經書將登山寶訓的重要性一顯無遺。他以極不尋常的巨大篇幅，研究馬太福音的登山寶訓。已故的布魯斯（A. B. Bruce）則將登山寶訓稱為「基督完整教義的概要」。[2] 登山寶訓的深邃影響，甚至遠及第一世紀的新約聖經書卷。保羅的著作羅馬書十二章，充滿許多與登山寶訓平行的倫理教導。另外，格林（Michael Green）也將登山寶訓稱為「天國基督徒的宣言」。[3] 近年來，有關登山寶訓的研究可見於斯托得（John R. W. Stott）以及鍾馬田（D. Martyn Lloyd-Jones）等學者的屬靈經典著作。[4] 另一些如貝茨或斯克特（George Strecker）的研究，則以透徹的學術角度為焦點。[5] 雖然登山寶訓在新約聖經佔如此重要的地位，寶貴的中文釋經書卻寥寥無幾。為了回應這方面的需要，本書嘗試以周密整全的方式，研究馬太福音這段相當重要的登山寶訓。

一般釋經書對於登山寶訓的解讀傾向於兩個不同的角度。偏重解經的釋經書以字義的解析為焦點，而講道式的著作則以概念及應用為重心。本書並不輕忽這兩方面的關注，但卻尋求宏觀與微觀角度的平衡，嘗試在不過分進入細節解讀的情況下，抓住整個登山寶訓的大方向。因為語詞、概念與實用，本來就是馬太寫作的心意。如此說來，馬太福音本身的經文為登山寶訓提供詮釋的主要界限，而其他的歷史關切與背景則佔次要的角色。我可能在排除某些釋經法與歷史背景資料的作法上，顯得過度小心；但將應當謹慎的考慮完全拋在腦後，卻更容易錯失經文的意義，這絕對不是釋經者的最佳選擇。[6]

綜觀多年的教會歷史，許多學者與牧師應用不同的神學取向與方法詮釋登山寶訓，因而帶出許多不同的經文意義。每一個釋經者都嘗試使登山寶訓的意義符合自己的教派或神學立場。[7] 由釋經傳統來看，許多釋經者從舊約聖經找出大量的相關經文。有些甚至極端到以舊約聖經的平行比較為解讀經文的主要焦點。[8] 另些釋經者則觀察登山寶訓如何影響諾斯底的《多馬福音》等後期經文。[9] 近代對於登山寶訓的釋經傾向，較偏重以文本為主的解讀角度，同時注重歷史背景的觀察。這對於注重聖經的福音派基督徒的確是一項大好消息。因此，我將遵循這積極並尊重經文的釋經傾向，來觀察馬太記錄耶穌這段重要教導的方式，並了解神如何在信息的次序上默示祂的話語。

本書的獨特之處，在於為讀者提供觀察登山寶訓與馬太福音全書的宏觀角度。在這個原則下，我們可以盡最大的努力，由馬太的角度以及他身處的世界來理解登山寶訓。馬太身處的世界，則來自文本所描述的情境。雖然我對於某些重要經文會提出相關的細節研究，但大體上，我將仔細的逐節評註留給專門以微觀角度詮釋經文的釋經書。本書的目的較為廣泛，因此與其他釋經書不甚相同。我試圖激發讀者討論與探索經文的興趣。當他們依循我為登山寶訓所鋪排的解讀路線時，他們極有可能看見一個嶄新的世界。顯然，我所提供的解讀方式並不是惟一或最佳的釋經法，但它的確是「一種」解讀登山寶訓的方式。因此，我誠摯地盼望，我為學者與一般信徒所提供的解讀方式，可以彌補我在抄本、來源鑑別學（source criticism），以及重要微觀詮釋等方面的缺欠。由於我嘗試以教育一般信徒為首要目標，因此不敢稱本書為學術性的研究。但仍願意為讀者提供一些學術思考的空間，以使本書不喪失當有的知識性實質。本書將展示深度認識整個馬太福音的重要性，因為這是了解整篇登山寶訓的根基。換言之，登山寶訓對於馬太福音其他部分的影響、涵義和應用是如此廣泛，以至於登山寶訓成為觀察整本馬太福音的鎖鑰。當我們繼續研讀馬太福音時，登山寶訓將更深入地為我們帶出寶貴的屬靈洞察。我們應當記得一讀再讀的循環，就如同古代聆聽者吸收重複誦讀的循環一樣。期盼本書的研究，能夠讓馬太福音的讀者再次嚴肅地面對登山寶訓的教導。

對於具有學術背景的讀者，我希望本書能為他們提供一種詮釋架構，以使學術性的資料成為解經過程的重要部分。對於知識豐富的一般讀者，我將以適切的例證提供思考的刺激，並回答他們在神學或實際應用上的疑問。

本書具有多重目的。對於神學生或教牧同工，本書一開始的學術性討論將有助於課堂學習與個人進修；但這些資料卻不是難以吸收的艱澀學術研究。相反地，本書希望藉著這些資料的提供激發更多的學術對話。對於一般讀者，有些技術上的討論可能單調乏味。因此，我將較為技術性的學術討論，局限於第一章的範圍內。其他的學術性討論，都將出現在後面篇章的註腳部分。

在這些註腳中，我選擇性地與一些登山寶訓的著作互動，這些著作來自許多受人尊敬的學者與講道者。若有不同的觀點，我將指出導致不同觀點的釋經預設。尋求不同經文詮釋的讀者，將由這些註腳的討論得到莫大幫助。我對於不同詮釋角度的批評或觀察完全本於方法論的角度，絕非個人的喜好或偏見。一般來說，我對於這些高品質的登山寶訓研究，多半持贊同的正面看法。我之所以採取這種立場並不為贏得讀者的同意，乃為讓讀者不需深陷學術研究的叢林，卻仍能發現其他可資選擇的釋經方式。我迫切希望本書能夠挑動活潑的學術互動與回應，以造就更多具有思考力的讀者。對所有的讀者來說，第一章的最後部分是不可忽略的「必讀」，因為其中所探討的方法論能夠幫助讀者遵循本書所提供的釋經路線，以解讀登山寶訓、馬太福音其他講論，甚或其他福音書的某些經文。在經過方法論的步驟之後，本書將為所有基督徒提供如何將登山寶訓應用於今日生活的必要反省。如此說來，本書將滿足每一位讀者各自具有的獨特需要。

本書對於經文的觀察具有實驗性的探索，因為我嘗試運用一些解讀登山寶訓的全新角度。有些解讀方式可能大膽，有些則十分新鮮。我的方法論或經文詮釋，未必能夠在每一方面使讀者完全信服。有些人或許經由本書的刺激而發現其他看法。有些人甚至不同意我的釋經法，認為我過分重視馬太福音不同經文段落間的關連。有些人可能希望我在某些觀念上，帶出更多的詮釋與研究。這些都是讀者相當正常的反應。不過，本書的目的不在於說服每位讀者接受我的經文詮釋。在論斷任何「新」的經文詮釋之前，我希望讀者能先持公平與客觀的態度了解本書所提出的釋經法。竭誠盼望這種內省，能使每個人得到益處。撰寫本書的更大動機在於將這個方法及議題提出來與讀者共享，使讀者能因不同角度的刺激而開啟其他釋經法的可能性，並且更富創意性地將經文應用在自己的生命或事奉上。無論是正面或負面的，任何反應都比沒有反應來得好。我相信直到今日，耶穌的話語仍然鮮活與適切的。釋經者的責任就是盡可能地尋找多種的解經方式，以期從耶穌的寶貴教導中挖掘更多的屬靈寶藏。如果有人從這個偉大講論的釋經方法或信息精義中獲得助益，那麼我的喜樂將達到最高的滿足。又如果我能提出新問題、討論及興趣，甚或鼓勵他人建立「他們自己」對於登山寶訓的釋經方式，那麼本書將成就超越原來寫作目標的更高境界。

為了謹慎詮釋登山寶訓，我建議下列的解讀方式。就預設來說，我強烈認為登山寶訓是整本馬太福音極難理解的一部分。登山寶訓是一段以智慧文學形式發表的長篇講論，它的目的在於刺激聆聽者思考。[10] 耶穌具有「聖者」特質的觀念，早在布特曼（Rudolf Bultmann）時已出現。[11] 雖然這種觀念並不新奇，但我們如何詮釋耶穌這段「聖者」的教導，卻仍是一項極大的挑戰。在當時的社會環境中，聖者是羣體的領袖；聖者教師的教導具有影響聆聽者的價值觀或行動的目的。他們所倡導的價值觀是一種對錯分明的絕對價值觀，具有濃厚的榮譽與羞辱色彩。當時人慣常接受的榮譽與羞辱的觀念，將在登山寶訓的教導中重新被調整與校正。

雖然馬太福音屬福音文學的體裁，登山寶訓卻具講論的文學形式。在講論中，耶穌扮演專門以講論教導人的聖者角色。登山寶訓也與智慧箴言的內容極為相似，因為其中的倫理教導並非律法的規定，而是一般倫理原則的例證。[12] 換言之，馬太福音的記錄並不僅是歷史資料的收集。相反地，整本馬太福音就像一幅精心設計的複雜繪畫或緊密交織的繡帷。讀者必須充分認識每部分與其他部分的關連，才能對整個畫面有十足的了解。馬太福音並不僅是一本傳記。更確切地說，馬太福音的整個信息超越部分總和所具有的意義。當然，整個信息的大部分涵義都來自部分內容的詮釋。登山寶訓僅是整本馬太福音的一部分。因此，本書的研究將指出段落或經文在主題上的相關。我非常相信，在沒有考慮馬太福音其他部分的情況下，我們無法了解馬太福音任何一部分的信息。換句話說，我們若不先了解登山寶訓的意義，我們將無法完全了解整本馬太福音的信息。反之亦然。惟獨宏觀的解讀方式，才能解明登山寶訓的信息。因為這種解讀方式不但重視「甚麼」的觀察，也強調馬太「如何」傳達信息的解析。

本書大部分的分析，都以對於馬太福音有貢獻的語詞與概念為對象。這些語詞與概念可能出現於講論本身，也可能帶出講論與敘事的關連。在概念方面，我發現有些字具有非常廣泛並且有力的象徵功能。例如，當我們使用飢餓或口渴的字彙時，我們乃是使用這個類比帶出物質方面的用品。這些用品包含食物、飲水，以及其他維持基本生命的物品。當我們看見這些用字的類比力量時，我們就可以將這些觀念與馬太福音其他相關部分的經文連結在一起。這些相關部分的經文也同樣論到維持生命的食物、飲水，以及其他物質用品。觀察這些概念所具有的類比力量，可以為我們開啟更多詮釋的可能性。如此說來，這些概念擴展了我們研究馬太福音聖經神學的基礎。概念與語詞缺一不可，兩者皆是神學理論的重要元素。

本書的研究以馬太福音的文本為定界。我並不嘗試將登山寶訓的耶穌講論與馬太福音之外的任何平行講論相互協調。耶穌在多少情況中，曾經使用相同的字彙講論相同的題目，這並不是我觀察的焦點。我也沒有探討或比較出現在不同福音書的類似講論，到底有甚麼細節上的不同（即「編修鑑別學」）。[13] 馬太福音經文的來源探討，也不是本書的研究重點。畢竟，許多傳統釋經書已在這些方面貢獻極大的力量。如果我重蹈這些學者已經走過的路徑，那麼我的研究就難脫老生常談了。

在第一章簡論登山寶訓的一些詮釋議題之後，我將以下列五個步驟作為登山寶訓的詮釋基礎。第一、在每一章，我將從每個段落的緊鄰上下文（immediate context）尋找與登山寶訓其他部分有關的例子。第二、我將探討每個段落與其他講論的關係。[14] 如果所檢視的經文出現於其他講論之前，那麼我將這段經文視為其他概念的預示。第三、我將觀察每段經文與馬太福音其他敘事的關係。如果檢視的經文出現於其他敘事之前，那麼這段經文同樣成為其他概念的預示。相反地，如果檢視的經文出現於某些敘事之後，那麼這段經文就成為其他相關經文的回顧。第四、每段經文的詮釋都將包含上述三項觀察。因為這三項觀察是解經的不可或缺。第五（也是最後的）、我將為讀者帶出應用這段古老講論於今日生活的方式。本書的經文詮釋結合這五個重要步驟以向讀者展現，根據馬太福音之內容理解登山寶訓的優點與獲益。同樣地，登山寶訓也成為理解整本馬太福音的重要依據。在本書中，馬太福音五章的討論似乎比登山寶訓其他部分佔據更多篇幅。篇幅居多的主要原因，在於馬太福音五章是登山寶訓的開始，因此，許多顯然困惑、複雜、抽象，以及基礎的講論，必須先行介紹與闡明。六與七章則不需如此繁複的解釋，因為五章的詳盡討論已為後面章節的觀察設下充足的預備與根基。

藉著考慮登山寶訓與馬太福音其他部分的關連，我將向讀者展示登山寶訓是了解馬太福音最基本與重要的引言。多項預示的觀察，也將為原本已經豐富的登山寶訓信息增添更圓滿的涵義。

在上述這些重要觀察之後，我仍然必須思考到底耶穌的聆聽者與馬太的讀者面對何種問題的挑戰。在這樣的思考架構下，讀者將很快明白末世與倫理不但緊密相連，並且對於馬太福音講論的詮釋有極大的幫助。我非常肯定這種整全的解讀方式，必然使各個層面的讀者得到幫助。或許，還能為某些讀者散發新的亮光與見解。總的來說，本書的研究檢視並調整一些僅以微觀角度解讀經文的可能錯誤。因為當釋經者忽略整體上下文的考慮，並將一小部分經文孤立解讀時，不當的經文理解與應用常常隨之發生。至終，經文的解讀應該成為神學的解讀，而幫助我們明白經文為馬太的原來讀者所帶出的適切應用。

註 釋：

1 H-D Betz, *Sermon on the Mount* (Minneapolis: Fortress, 1995). 直到如今，貝茨的著作仍是最透徹的登山寶訓釋經書之一。貝茨特別注重來源、文法、修辭、形式，以及神學的研究。有些人可能對於貝茨的批判立場頗為困擾，因為他到處懷疑耶穌的話語。然而，若將貝茨對於馬太是否捏造一些耶穌沒有講過的話語之看法放在一旁，貝茨的作品仍然具有良好的學術價值。

2 A. B. Bruce, *The Expositor's Greek Testament* (Grand Rapids: Eerdmans, 1990), p.95.

3 Michael Green, *Matthew for Today: Expository Study for Matthew* (Waco: W Pub Group, 1988), p.69.

4 John R. W. Stott, *The Message of Sermon on the Mount* (Downers Grove: IVP, 1978); D. Martyn Lloyd-Jones, *Studies in the Sermon on the Mount* (Grand Rapids: Eerdmans, 1991).

5 Betz, *Sermon on the Mount*; George Strecker, *The Sermon on the Mount: An Exegetical Commentary* (Nashville: Abingdon, 1988). 這兩位學者多花一些篇幅，探討馬太福音與路加福音之間的平行之處。本書並不以這些平行之處為討論焦點，僅認為這兩本福音書具有不同的情境，極有可能是在不同地點與不同情況傳講的兩個不同信息。

6 編修鑑別學（redaction criticism）重視馬太福音的經文如何形成之研究。這方面的觀察並非本書的焦點。Darrell L. Bock & Gregory J. Herrick (eds.), *Jesus in Context: Backgrounds Readings for Gospel Study* (Grand Rapids: Baker, 2005)，對於馬太福音的背景文獻收集下了許多研究工夫。有關這方面較為簡明的研究資料，參 Craig S. Keener, *The Bible Background Commentary* (Downers Grove: IVP, 1993)。

7 例如，J. Dwight Pentecost, "The Purpose of the Sermon on the Mount-Part 1," in *BibSac* 115 (1958) CD-ROM version 將登山寶訓的教導應用於千禧年的討論。Henry A. Sturz, "The Sermon on the Mount and It's Application for Today," in *Grace Theological Journal* 4 (1963) CD-ROM version 一方面保持與作者 Pentecost 相同的時代論模式（dispensational paradigm），另一方面將登山寶訓應用在今日的生活中。

8 例如，馬有藻：《天國近了——馬太福音詮釋》（台北：華人基督徒培訓供應中心，2003），頁61，以及 Dale C. Allison Jr., *Matthew* (ICC; Edinburgh: T & T Clark, 2000), pp.438, 443 認為，八福回應以賽亞書六十一章1至2節的經文，這種看法仍然無法顯示支持的證據。阿利森（D. C. Allison）將五章3至4節虛心的人之觀念，與以賽亞書六十一章平行連結。他的證據不足，無法為自己的觀察帶出確定的支持。

9 例如 Betz, *Sermon on the Mount*。

10 Bernard Brandon Scott, "Jesus as Sage: An Innovating Voice in Common Wisdom," in John G. Gammie, Leo G. Perdue, *The Sage in Israel and the Ancient Near East* (Winona Lake: Eisenbrauns, 1990), pp.399～415 已經看見耶穌將當時的一般智慧神聖化。我願意更進一步地，將耶穌的登山寶訓視為一種全新與神的智慧之創作。這種創新史無前例，絕非僅是一般智慧的聖化。

11 Rudolf Bultmann, *The History of the Synoptic Tradition* (New York: Harper, 1963).

12 有關猶太智慧教導簡單又有益的例子，參 Cheung, *The Genre, Composition and Hermeneutics of the Epistle of James*, pp.21～36；另參 Bernard Brandon Scott, "Jesus as Sage," in J. G. Gammie, L. G. Perdue (eds.), *The Sage in Israel and the Ancient Near East* (Winona Lake: Eisenbrauns, 1990), pp.399～415。

13 聖經編修評鑑法（redaction criticism）的佳例，參 D. DeSilva, *An Introduction of the New Testament* (Downers Grove: IVP, 2004), pp.258～262。

14 Janice Capel Anderson, "Matthew: Sermon and Story," in David R. Bauer, Mark Powell (eds.), *Treasures New and Old: Contributions to Matthean Scholarship*

(Atlanta: Scholars Press, 1996), pp.233～234，已經提出登山寶訓與其他相關敘事連結的觀察。

第一章

神學初步探索：馬太福音五至七章的結構與神學

登山寶訓與全書的關係

1. 登山寶訓的釋經見解

在詮釋經文之初，首先要確認闡明經文的最佳觀點。本書以布魯姆伯格（C. Blomberg）註釋登山寶訓釋經史的簡介，為進一步研究的基礎。[1] 布魯姆伯格列舉八項闡釋登山寶訓的研究觀點。第一、登山寶訓的目的在於追求理想的公義境界。此說的產生，或許起因於教會神職與非神職人員截然劃分的組織結構。第二、路德（Martin Luther）為了改教而解釋稱義的真理，使登山寶訓成為天國的新標準，因無人能及而需悔改信主接受福音。[2] 第三、重洗派的人以拘泥的字義解經應用登山寶訓，因而導致一種政治和軍事上的和平主義。第四、許多基督教自由派藉著登山寶訓呼籲社會大眾響應實踐神國的行動。第五、存在主義認為，登山寶訓是人與神交流的途徑，因此，人對登山寶訓的反應將影響他對神的體認。第六、史懷哲（Albert Schweitzer）留意到登山寶訓的末世觀。他認為，初期教會迫切期待主的再來，而將登山寶訓視為耶穌再來前的過渡倫理。但因主再來的遲延，後期教會就不再需要實踐登山寶訓了。第七、古典時代論學者認為登山寶訓具有將來末世的性質，因此現今不必實行。第八、布魯姆伯格本人理解末世處於「已經開始，尚未完成」的階段。在檢視這些不同的看法之後，下文將提出本書基於馬太福音登山寶訓的文學功能而採用的釋經立場。

2. 登山寶訓在講論中的功能

馬太福音有五大段講論，彼此之間的關係至今仍令解釋者迷惘費思。其實細讀講論內容即可尋獲蛛絲馬迹。這五大段講論分別是：五至七章、十章1至42節、十三章1至52節、十八章1至35節，以及二十四章1節至二十五章46節。在各段講論間，馬太穿插敍述耶穌的傳道事工。若要明瞭登山寶訓的精義，讀者必須先行研究另外四段講論並注意其間的相關性，如此才會有所助益。

第二段講論的主旨是宣教。在第九章的末了，耶穌教導門徒應該先求莊稼的主打發工人出去收割莊稼。[3] 接著在十章一開始，馬太就明列十二門徒的名單，表明門徒受教後不久就回應莊稼之主的呼召，身體力行地出去收割莊稼。我們無法肯定門徒是否真有禱告，但從十章1節之後所發生的事來看，他們極有可能照做了。

本段講論還傳達另一貫通上下文的重要觀念。特別是十章7至8節提及了門徒的兩項基本服事 —— 傳道和醫治，與第九章主耶穌的事奉完全一樣。[4] 這兩項服事的本質並無不同。傳道是傳天國的福音（四23，九35，十7）。醫治是使病得痊愈（四23，九35，十8）、死人復活（九23～25，十8）、不潔淨的得潔淨（九20～22，十8）和趕出污鬼（九33，十8）。人們對他們事奉的反應也很類似。九章34節顯示耶穌被法利賽人無情地拒絕。十章16至42節中的門徒也面對被指控、被拒絕的境況。由此觀之，門徒繼承了主的事奉。

為了與下文配合，本段言論自然提及末世的問題。[5] 當然，其中所說的一些事並沒有即刻發生在門徒身上，因當時尚未有嚴重的迫害。與路加福音不同的是，馬太沒有記載門徒遵主命令凱旋而歸的情形（路十17）。[6] 相反地，門徒開始受到宗教領袖的質疑和刁難，預示了更大的逼迫即將來臨（參十二1～2）。

引人注意的是，約翰被捉下監和耶穌差遣門徒這兩件事幾乎同時發生。約翰打發人去問耶穌的問題，流露出他對末世的期盼。簡言之，十一章4至5節簡述耶穌服事的內涵，也是主教導門徒的一部分。更確切地說，約翰對末世的期盼，在耶穌與十二門徒的事奉中已經開始實現了。然而，這只是後述末世論的伏筆。

還有一點值得觀察。耶穌在差十二個門徒出去以先，吩咐他們不要走外邦人的路，不要進撒瑪利亞人的城，只要到以色列家迷失的羊那裏去（十5～6）。這似乎與耶穌在二十八章19節所說「你們要去，使萬民作我的門徒」有些矛盾。實際上，在馬太對耶穌的描述中，撒瑪利亞人毫無地位可言，而外邦人也處於劣勢（二十25，二十四9）。可是在馬太福音的序言和結語中，外邦人又佔有一席之地。[7] 在家譜中，只有少數外邦人蒙神揀選；在大使命中，萬民則是主要的傳道目標。因此，這篇講論涵蓋當代已實現的部分和將來宣教事工的拓展。對馬太讀者，門徒傳道事工是末世要事也是耶穌工作的延續。

第三段講論記載於十三章1至52節，其中提到許多相關的比喻。大體說來，這段言論可分為三大部分，首段論撒種比喻，其次是稗子比喻，最後是三個簡短比喻。每個部分又可分為三段相同的格式：比喻本身、補充插段，以及比喻解釋。撒種比喻的插段闡明耶穌用比喻講道的目的，而稗子比喻的插段則講到天國的發展。這三部分要分開討論才能作出適宜的結論。

自頭一個撒種比喻開始，拒絕的主題就很明顯。依照十三章的上下文，耶穌已經將祂的聽眾加以區分了。耶穌在公開場合就對羣眾講道；在私下獨處時則教導門徒。因為門徒被揀選能知道天國奧祕，而那些羣眾卻頑梗不化、愚頑不明（十三14～15、53～58）。與另兩本福音書相較，馬太對於以賽亞書六章9至11節的引用最為完整（比較可四12；路八10）。由此可見，他要強調「拒絕和揀選」的主題。同時，他也解釋人拒絕天國的道理一方面是因撒但的工作（十三19），另一方面是被迷惑了（十三22）。人接受的原因只有一個，就是聽道又明白了。因為「聽道」和「明白」是缺一不可的必要因素，所以可視為同一個原因。當我們參照下文的補充和解釋時，撒種比喻淺顯易明因為聽道明白的就是門徒，聽道不明白的就是那些羣眾。[8]

稗子比喻指出在天國裏，天國之子和惡者之子混雜生長，但最終必有審判。[9] 其中插入兩個論及天國發展的比喻——芥菜種比喻表明天國發展的潛力；麵酵比喻則表示天國發展的範圍。總而言之，這兩喻似乎有些負面，只說到數量的增長卻未論及質量的提升。另一點要注意的是，馬太描述芥菜種長成大樹之後有天上的飛鳥來停宿在枝上，乃是引自但以理書四章10至12節的措辭。但以理書審判的主題同樣出現在稗子比喻中（十三30、40～42）。當最後審判時，義人和惡人要被分開。實際上，馬太有意應用「義人必發光如星」的描述（但十二3）來形容「義人在他們父的國裏，要發出光來，像太陽一樣」（十三43）。

第三部分的比喻整合了上述的比喻，因為再次出現一些相同的觀念。其中寶藏比喻和尋珠比喻類似，因為都講到天國的價值。若是尋珠比喻是回應種子「落在荊棘裏」的光景（十三

22），那麼馬太顯然要提醒那些愛世上財富過於天國的人，不要被今世錢財迷惑以致變得一無所用甚至毫無建樹。因此，十三章45至46節形容最富足的人，不僅因他看重天國，更因他情願變賣世上一切所有為要得到天國。撒網比喻不單論及審判，還說到揀選天國的結局。同時，再次提醒聽眾到世界末了，神要區分天國中有價值的和沒有價值的。

如此說來，我們當如何整合這三部分呢？第一、末世審判要把義人和惡人分別出來。第二、依照上下文，耶穌是指以色列說的。那些生來就是猶太人的，要蒙揀選成為真以色列人的一部分。真以色列人就是耶穌所教導的那些門徒。第三、當追隨耶穌的羣眾造成一股銳不可當的情勢時，只有少數人能被揀選。馬太的記載顯示，並不是所有自稱知道神國的人都蒙揀選。最後，這些比喻相當清楚地表達末世主題。在最後審判之前善惡共存。然而，到最後審判之時善惡將揭露顯明，義人與惡人必被分開。

第四段講論出現於十八章1至35節。若與其他福音書相較，馬太似乎最關注教會（例如十六18）。「教會」一詞，再次出現在這段講論中。無論耶穌是否意指成熟全備的教會，祂確實指出教會有權行使末世審判的權柄。參《七十士譯本》的用辭，「教會」確指以色列國。[10] 或許耶穌預見祂自己的國度將會取代以色列國。因此，天國的奠基者 — 耶穌基督，就針對屬神的新子民，也就是教會，頒布天國的規範。

首先，祂論到謙卑（十八3～4）。接著，祂提及要顧念卑微和軟弱的人（十八5～10）。最後，耶穌討論如何處理教會中的違規者（十八12～35）。因此，耶穌先處理個人問題，然後才討論信徒間的關係。世上的國和天國有著明顯的對比：天國的榮耀彰顯在變像山上（十七1～13），天國的權能勝過撒但權勢（十七

14～23），魚口中的稅銀更使世上的國黯然失色（十七24～27）。十八章的主題描述天國的內涵。雖然天國的權能可以勝過一切，但它的本質卻是謙卑與饒恕。

在十八章中不難發現更多關乎末世的主題。我們發現耶穌有許多教導由今時展望將來。例如，人如何真誠地關顧小子與如何對待跌倒的弟兄，都直接牽涉將來在末世審判時受審的情形（十八8～10、18～19、34～35）。然而，耶穌的教導也隱約透露一些已經實現的末世情況。首先，「無論在哪裏，有兩三個人奉我的名聚會，那裏就有我在他們中間」，應視為神國的實現，[11] 而非禱告蒙應允的應許。因為經文的原意乃為警誡教會如何處理犯罪而又執迷不悟的信徒。同時，主的同在不是將來的事，而是（現今）兩三個人奉主的名聚會就可以體驗的。[12] 因此，教會必須非常謹慎地處理信徒的紀律問題。

第二處末世實現的經文出現於著名的弟兄隱喻中（十八15、21），因它將教會與天父相連（十八10）。[13] 耶穌所說的「七十個七」（十八22），源自古老諺語「殺拉麥，必遭報七十七倍」（創四24）。[14] 創世記作者認為自人類墮落後，就陷在循環不息的仇恨與報復中。仇恨就是創世記四章的主題，而行惡必遭惡報的警語是拉麥自創的復仇詩作。在此，耶穌將熟悉的復仇諺語，轉變成教導天國新子民饒恕的真理。惟有如此，才能扭轉墮落後的情勢，將人從仇恨深淵中解救出來。

最後的講論記載於二十四章1節至二十五章46節。前後經文也如同講論一般。二十三章是耶穌對法利賽人的教導，卻被二十四章1節的敘事打斷。緊接出現的二十四章則是有名的橄欖山講論。門徒問主的兩個問題清楚顯示，本章的主題關乎聖殿之事。首先，聖殿將何時被毀？從耶穌的答話可知那日子沒有人知道，惟獨天父知道。但參照但以理書關於應驗在安提阿古四世（Antiochus IV）的經文（但九27，十一31，十二11），主又說：「你們看見先知但以理所說的『那行毀壞可憎的』站在聖地。那時，在猶太的，應當逃到山上。」（二十四15～16；另參36節）。如此看來，耶穌已經回答聖殿何時將被毀壞。針對門徒的第二個問題：「主降臨和世界的末了有甚麼預兆呢？」耶穌明說，地上的萬族都要看見人子駕雲降臨（二十四30）。再次地，這個啟示異象出自舊約聖經（賽三十四4；但七13等）。到那日，祂要從地極海角將所有神的選民招聚出來。耶穌對最終審判的回答也間接答覆了末世的問題。[15]

由於耶穌強調祂的聽眾要如何面對這些實際情勢，因此，我們應該將注意力放在講論的後半部。前面的教導只是言明人子必會為了審判快快再來。對公元70年的馬太讀者來說，聖殿被毀的預言已經部分應驗了。因此，關乎聖殿的警告乃指主必再來而言。若是耶穌所預言的事都已應驗，那麼祂必再來施行審判的預言至終也必實現。

略為整理這些講論所提的觀念之後，現在該討論它們彼此之間的關係了。研究至今，末世的主旨非常顯明也貫穿所有的講論。若不考慮主與教會同在的事實，這些講論幾乎都着眼於將來，且愈來愈明顯強調將來必成的事直至橄欖山講論達到頂峯，全篇幾乎都論到將來或未實現的末世境況。前四段講論的前言和結語（例如十1～42，二十四1～二十五46），都有末世受逼迫的主題。綜合這些觀念，我們可以發現馬太既實際又理想。因為就現實情況而論，為天國受逼迫和被拒絕的情形會愈來愈嚴重。但就理想而論，教會仍然存在。如同教會施行懲戒就是人子在審判一樣，無論在哪裏，只要有兩三個人奉主的名聚會，主就在他們中間。

那麼，登山寶訓（太五至七章）與這些講論有何關連呢？由於其他的講論循序漸進地強調未實現的末世信息，因此，如果登山寶訓位居五段講論之首，那麼在馬太福音的結構下，登山寶訓似乎是已實現的末世，旨在闡明天國實現時止於至善的完美境界。第一段講論似乎也有導論的功用，因為後來每段講論的主旨都出自登山寶訓，耶穌只是更進一步地詳細論述、重新賦予創意和擴大登山寶訓的論點。例如，第二段和最後講論重複敘述「受逼迫」的主題（十16～23，二十四9）。第三段講論又再次強調「遵行主的命令」（十三23）和「正確價值觀」的信息（十三22、45～46）。第四段講論則又出現「跌倒」（十八8）和「饒恕」（十八22）的主題。這些主題的再現，都在登山寶訓早有伏筆（五11、27～30、44，六12、14～15、33，七4）。

若要綜論這五段講論的內容，登山寶訓實在具有提綱挈領的主導地位。因此，讀者應留意觀察其中所預示的觀念。

3. 登山寶訓在敘事文中的功能

在馬太福音的五段講論中，登山寶訓（五至七章）不僅具有獨特的地位。同時，它所教導的真理也重複出現在全書的敘事文中。例如，六章16至18節提到合宜的禁食，而九章14節又重述一次。因此，參照這兩段經文，可以知道耶穌和馬太如何處理禁食的問題。事實上九章14節所指的禁食是虔誠猶太人經常遵守的儀式。但第九章的主要爭論點在於是否要禁食。耶穌的回答是當新郎不在的時候，就要禁食了（九15～17）。那麼這兩處有關禁食的經文是否不協調一致？到底耶穌的門徒有沒有禁食呢？答案是正反都有。在第六章，他們要禁食。但在第九章，他們不需要禁食。第六章指出禁食應注意的事項，而第九章似乎說不需要禁食了。根據九章15至17節，禁食乃因新郎不在之故。所以，禁食與否，同新郎是否在場有關。

另一個重複的主題是逼迫。九章32至34節與十二章24節顯示，耶穌自己成為五章11至12節所說受逼迫的榜樣。從十章17節開始，馬太就記載耶穌教導門徒在逼迫時將面臨的處境和受苦的原因。另一個為義受逼迫的榜樣是施洗約翰。他被斬首的原因隱含在敍事中（十四1～12），因為希律安提帕是「王」（十四9），所以顯明世上的國和天國之間的對峙與衝突。[16] 如此說來，任何人要和耶穌的國度有關，就要受逼迫甚至死亡。門徒效法耶穌行異能，也要和祂一樣受逼迫並且被世人厭棄（十17 及下，十七22～23 等）。

如同典型的初代教會，馬太非常關心摩西律法所扮演的角色，畢竟當時新約聖經還沒有寫成。馬太的敍事雖然多次出現有關律法的爭論（十二2，十五2及下），但五章18至48節清楚說明，耶穌不是頒布新的律法而是反對當代對舊約律法的解釋（二十三1～4）。祂甚至藉著當時的境況彰顯祂的王權。這也就是祂在受害前夕還重新詮釋守逾越節的原因（二十六17及下）。當主醫治大痲瘋之後，祂要求他們遵守摩西的吩咐，把身體給祭司察看並獻上祭物（八4）。[17]

有關飯前洗手的傳統規矩，耶穌強調要從心裏順從，不要光顧外表儀式（十五1～9）。對於婚姻的問題，耶穌則詳細解釋為甚麼會有休妻（離婚）條例的原因，並且嚴禁再婚（五31～32，十九7～9）。[18] 另外，針對遵守摩西的律法，耶穌告訴有錢的少年官要遵守一切關乎人倫的誡命（十九18～19）。然後，耶穌進一步指出要將全人與一切所有奉獻給神（十九21）。對此解釋的廣義應用，是將人比作樹（七17～20，十二33～37，十五13）以強調品德的重要（七15～23，十二1～7、33～37，十五11）。

4. 馬太的主旨和公元70年的背景

從登山寶訓的觀點來看，馬太福音有許多重複的論點。傳道人傳講登山寶訓時必須謹記這些重點，才能對現今時代提出適切的應用。馬太的關注與現今教會的需要息息相關。

馬太似乎在遵守或棄守他所承襲的猶太傳統之間掙扎。從耶穌與猶太宗教團體來往的記載來看，祂並沒有完全廢止律法（五18～48）。聖殿被毀後，「聖經」是猶太人碩果僅存的宗教標誌。猶太人必須面對他們與律法間的關係，同樣地，馬太讀者也要處理類似的難題。當時，對耶穌的言行只有片斷的文字記錄，而馬太讀者又多半是一般庶民。因此，希伯來文聖經或《七十士譯本》的口頭傳誦，就成為他們主要的信仰守則。[19] 馬太福音顯示，耶穌在廢止律法和重新闡釋古人遺傳上持平中肯（五18～48，十二2，十五2及下）。聖殿被毀是主要的關鍵。若是聖殿還存在，就能判斷哪條律法應該廢止，哪條律法應該遵行。[20] 面對會堂的發展和編撰「實用」的摩西律法，馬太讀者必須採取與耶穌教導一致的作法，因為律法涵蓋信仰與實踐兩方面。馬太記載耶穌靈活地對照某些律法，並且加以適當的解釋和應用，而不是在字義或教義上墨守成規。[21] 在散居的猶太人中，猶太基督徒有一致的信仰標記。馬太認為拘泥於某些宗教儀式只會造成分裂。[22]

馬太也關心宣教事工。學者對於猶太人是否極力爭取外邦人入猶太教有很多爭議。[23] 很多學者持否定的看法。[24] 馬太和消極的猶太改教者不同，他有強烈的宣教使命。然而，他所記錄的耶穌言論似乎傳達耶穌反對向外邦人傳道的混淆訊息（十5～6，二十25，二十四9），但馬太也嘗試敍述事實以澄清對耶穌反宣教的誤解。由於耶穌復活之後才頒布大使命（二十八18～20），因此，馬太對宣教的看法著重時間因素而非種族因素。對公元70年的聽眾而言，教會處於主復活後的時代，與當日耶穌禁止門徒對外邦人傳道的情況已大不相同。馬太描述的末世光景始自施洗約翰、耶穌復活之前，直到耶穌復活之後。面對主復活之後的所有基督徒，馬太在敍事和言論兩方面都強調宣教的重要性。

馬太與許多初代教會作家對末世的看法並沒有相差太遠。自從彌賽亞降生，末世就已開始，如今教會進入嶄新的境界（徒二17～21）。最重要的是，初期教會是由猶太人組成的。舊約對錫安的末世看法，認為猶太人在神的計劃中扮演舉足輕重的角色。初期教會極可能認同「耶路撒冷要發光，吸引萬國」（參賽二3及下，六十3）的觀點。現今，耶路撒冷已泰半被毀，不再為萬國仰慕，眾望所歸的聖殿又被夷為平地，耶路撒冷教會要如何面對這種光景呢？馬太的解決之道是實踐大使命。馬太的猶太基督徒讀者不能再仗著耶路撒冷的地理優勢和聖殿的信仰標誌來吸引外邦人，而是要對萬民傳福音以吸引他們歸向主。自然地，馬太也會因聖殿無法發揮功能的實際情形而削弱一些宗教儀式。

每當聖殿不存在時，會堂就成為代表猶太文化和信仰的中心，並且逐漸佔有獨特的地位和權威。[25]《他勒目》（Talmud）記載猶太人被擄後，會堂成為宗教中心的過程。[26] 公元70年的猶太團體又再次經歷同樣的情形。即使初期猶太教會和猶太教關係密切，到公元70年猶太教與耶穌門徒之間仍有衝突。會堂主要的功能之一是教導摩西律法（Philo *Spec. Leg.* 2.62），因而導致對律法的編纂。聖殿被毀、祭祀停止，使得文士和法利賽人在會堂的影響力與日俱增。後期文獻顯示，法利賽人是部分拉比的前身。[27]

雖然後期文獻對法利賽人多有批評（例如 Mish. *Sotah* 3.4），但一般對法利賽人的看法大體上還是相當正面。文獻指出，公元70年的猶太教逐步認同改革的法利賽主義。公元70年聖城被毀後，猶太教的主流中僅有法利賽人具發言權。因此，保守地說，在馬太福音法利賽主義得以某種形式出現。[28] 就實際情形來看，由於會堂的龐大勢力，馬太讀者面臨被逐出會堂的威脅。[29]

緊接著我們看見馬太的主要關切是猶太國的不潔（混雜腐敗），其次是猶太讀者的不潔。在十三章1至52節，耶穌攻擊那些摻雜的羣眾。即使猶太人的王耶穌在世，以色列國都充滿污穢與邪惡。那時，主的門徒要做甚麼呢？耶穌的回答是暫且留著等到末世審判之日，王要親自來潔淨祂的國度。馬太讀者也面對另一個類似的困擾。對一個猶太人或猶太團體的任何一位成員，並不會因他／她相信耶穌是神所差來的彌賽亞就終止猶太人的身分。第一世紀外邦統治下的猶太社會已經不潔腐敗。公元70年之後，跟隨耶穌的猶太人要如何表明身分呢？是經由種族的認同嗎？不，馬太堅決反對這種認同方式。當然，神的真選民與血統出身無關，也不牽涉對末世的信念。由於許多觀念與耶穌和馬太的教導背道而馳，因此信徒對在他們中間的「稗子」相當困惑。他們如何面對這些看似正統卻是叛徒的人呢？馬太鼓勵他們多專注傳道事工以預備末世的審判，而不要費力鏟除邪惡之子。然而，這不是說馬太不謹守真理。在十八章，他對教會獨特的教導就平衡了他對宣教的見解。雖然信徒必須先致力於傳揚福音，但卻不可因此忽略教會純正立場的堅守；信徒不可專注於現今境況而要在末世審判的光照下盡心竭力。

馬太筆下的摻雜羣眾引起了一些爭議。那些跟從與敬拜耶穌的猶太人，可能是為主名受苦與被拒的猶太基督徒（路六22；約九22）。對非基督徒的猶太人而言，猶太基督徒是以色列國中的稗子。[30] 然而，馬太輕易地將筆鋒一轉，嚴斥他們才是稗子並安慰他的讀者。因此，耶穌指責那些混雜在以色列中的羣眾；這些人就是馬太所面對的猶太團體。耶穌的末世宣告向迫害教會的人發出咒詛，但並不直接應用在猶太人身上。神允許猶太國混雜，一方面為要祝福跟從耶穌的人，另一方面則咒詛那些否認主的人。如此說來，馬太的讀者必然心存盼望並且深得安慰。

5. 結論

討論至此，甚麼才是最佳的釋經原則呢？本章開頭的綜合研討有助於這個問題的解答。至少初步結論是解經法和中古世紀的神學有關。但是天國倫理對神職人員或一般信徒並沒有分別。因此，解經學的分類誠然不適用於登山寶訓。這篇講論顯然針對眾人而發出（五1～2）。路德影響深遠的見解，帶出一些重要的課題，其中之一就是律法所扮演的角色。路德對登山寶訓的解經似乎強調保羅的救恩論。然而，保羅神學的分類是基於路德對保羅的認識所產生的。換言之，登山寶訓和救恩論的範疇不同。個人的救恩和羣體的倫理規範儼然是兩回事。同時，這與改教時期是否要保存摩西律法的爭論不同。更準確地說，探討嚴守摩西律法的問題，必須追溯到第一世紀那些教師身歷其境時所考慮的重點。

保守重洗派的作法似乎與路德的主張背道而馳。雖然重洗派認同路德無法實行天國新律法的觀點，他們卻直接探究第一世紀的信徒到底如何力行登山寶訓。重洗派解經的貢獻在於，認為馬太或耶穌都未曾否認實踐登山寶訓的可能性。因此，履行登山寶訓的責任不容推諉。研究登山寶訓的前提是首先明白第一世紀的實踐原則，而後才能判斷「如何」應用登山寶訓。

值得進一步討論的是自由派所提倡的登山寶訓社會觀。他們認為登山寶訓討論的內容和所處的社會息息相關。然而，這並不是說耶穌要人做好事行善才能進天國。實際上，將耶穌和馬太對羣眾的信念用來宣告社會福音，似乎偏離了耶穌講論登山寶訓的心意。整體而言，羣眾扮演的角色微不足道。他們沒有拒絕，也沒有接受耶穌。其實馬太也沒有要求他的原始讀者遵守天國倫理，從而促使神國的實現。最不值得一提的是存在主義的看法。耶穌從未對羣眾表示過現存的觀念，馬太也未暗示讀者藉由倫理道德來認識耶穌。

史懷哲的過渡倫理認為末世論最重要。因此造成兩種極端，不是過於強調倫理，就是過於高舉救恩。然而，史懷哲的看法為登山寶訓提供了末世論的基礎。根據前述登山寶訓和另外四段講論的關係，末世論確實是解答許多問題的關鍵。其他的考慮因素就依耶穌是否同在來決定，因為耶穌有些教導與祂的再來極其相關。如此說來，耶穌早已論及馬太讀者所掛慮的問題了。史懷哲的偏差，在於將登山寶訓視為過渡倫理。因此，是否實踐這些倫理規範，顯然依照耶穌的再來而定。然而，登山寶訓倫理的暫時性並不明顯。古典時代論與史懷哲的看法恰恰相反，他們認為天國倫理是指向將來的。這兩種解釋共有的可取之處，就是他們以「何時實踐登山寶訓」為中心議題。可見，這類看法直接受到末世論解釋的影響。

由此看來，末世論的觀點影響至深。但馬太福音的讀者必須了解初期教會的處境，才能一探究竟。許多登山寶訓的觀念已深入地影響初期教會。要了解末世論，必須先從初期教會所扮演的末世角色著手。至於何時實踐登山寶訓的問題，馬太並沒有明白表示履行這些倫理規範的時間。至少，對耶穌的聽眾來說，登山寶訓是可以實踐的。馬太的讀者也極有可能被包括在內，因為他們也活在彌賽亞第一次降臨的時代。

布魯姆伯格認為天國倫理的實踐，介於「已經」和「尚未」之間。為要涵蓋所有的論點，本書所區分的兩類羣體就成為了解登山寶訓的關鍵。因為耶穌親自對他的猶太聽眾頒布天國倫理，所以他們就須責無旁貸地身體力行。對馬太的讀者而言，在彌賽亞降臨之後的時代，所有想要進入彌賽亞國度的人都要實踐登山寶訓。若要明白「如何」應用，應先了解第一世紀羣眾所面對的問題。如此，才能對現代讀者傳講適切的信息。

登山寶訓的結構

1. 可取的觀點

傳道者的講章結構和大綱，直接透露他們對於登山寶訓結構的理解。我們可以發現許多不同的分段法。下文將列舉一些登山寶訓的分段法，並討論由此衍生的問題。

馬利納（B. J. Malina）和羅爾博（R. L. Rohrbaugh）採用社會科學的研究方法，以尊榮和恥辱為主題作出極有創意的大綱。他們的論點相當廣泛，似乎和登山寶訓的每個層面都有關連。[31]

尊榮的新基礎 —— 八福	五1～12
光和遵行律法	五13～20
避免衝突和虛偽的方法	五21～48
尊榮的施捨、禱告、禁食	六1～18
財寶	六19～34
消極、假冒偽善、吹毛求疵的論斷	七1～12

局內、局外之人的分界	七13～29

乍看之下，如此的分段相當鬆散。但「主的尊榮」的確是主導全篇講論的主旨，也是第五章和第六章開頭的主題。雖然這種詮釋有許多創見和限制，但經文的主要脈絡和句法結構卻不能吻合一致。可惜這種分段法不但無法提綱挈領地顯示登山寶訓條理清晰與主旨一貫的講論，反而使人認為登山寶訓是一篇散漫無章的論述。[32]

在 Sacra Pagina Series 中，哈林頓（D. J. Harrington）提出下述的大綱：[33]

導論	五1～20
場景	五1～2
八福	五3～12
耶穌門徒的身份	五13～16
對律法的教導	五17～20
六個反證	五21～48
敬虔的三項表現	六1～18
其他教導	六19～七12
審判的警告	七13～29

哈林頓的論文指出，馬太所記載的登山寶訓取材自他大幅編修的資料。[34] 因此，講論就不必一氣呵成前後連貫。他認為五章21至48節與六章1至18節兩部分可自成一格，將九福、六個反證和三項敬虔的表現連接起來。[35] 最後一段六章19節至七章12節毫無條理可言，卻像智慧文學一般零星記錄耶穌的言論。哈林頓認為每一段落都是一篇精簡又獨立的講道，而不是長篇講論中的一段。這種看法使各段落間的關係既不清楚又不明確。

在〈新世紀聖經註釋〉（New Century Bible Commentary）中，希爾（D. Hill）的大綱如下：[36]

八福	五3～12
鹽與光	五13～16
耶穌和律法	五17～20
卓越的公義	五21～48
敬虔的操練	六1～18
富足和憂慮	六19～34
判斷和祈求	七1～12
兩種道路	七13～29

雖然希爾參照路加福音列出一些相互平行的經文，他仍認定登山寶訓是一篇條理分明又井然有序的講論，因為馬太福音所有的講論都有類似的結語（七28，十一1，十三53，十九1，二十六1）。[37] 這個見解使得馬太福音的文學特徵，成為釋經方向的主導。雖然每段講論之間並沒有互相呼應的證據，希爾仍指出一些彼此相連的關係。例如，他認為五章17至20節解釋了，耶穌跟隨者因遵守五章21至48節耶穌所闡述之律法真義而遭逼迫的原因。[38] 他也將第六章視為新段落的開始，因為主題的轉換與六章1至18節反對「假冒為善」的論點前後一致。[39] 自六章19節之後，希爾就沒有找出直接的聯繫點。反而，他將馬太福音的一些段落，當作如路加福音的其他福音書之教導摘要。[40] 根據希爾整體釋經的原則，他一方面「企圖」整合相關之處的主題，另一方面則以資料批判，來規避無法尋得關連的經文。

布魯姆伯格在〈新美國註釋〉（The New American Commentary）中使用下列大綱：[41]

導論：	五1～16
本論：	
較高的義	五17～48
真敬虔和假冒為善的對比	六1～18
富足和憂慮：財寶和真富足的對比	六19～34
待人之道	七1～12
結論：只有兩條路	七13～27
回應：	七28～29

布魯姆伯格的大綱顯示第五章清楚的一貫性。然而，導論和結論似乎毫不相干。如果這是結論式的結構，就不必作出兩者前後對應的解釋。布魯姆伯格在第五章和結論中先綜合一些主題，而後再分成各不相關的段落。因此，段落之間的連繫不甚清晰。在註釋中，布魯姆伯格費心尋找各段之間的關係；譬如，他認為第七章的勿論斷人回應第六章的真敬虔。[42]

現在讓我們來討論上述各大綱形成時所浮現的問題。我們首先面臨「如何整合這些不同論點」的根本問題。當然最簡單的答案就是我們無法整合這些論點。因為它們只能局限於與馬太讀者有關的範圍中討論。然而，若能全面探討登山寶訓就不無兼容並蓄的可能。因此要從何處著手分段，就成為重要的關鍵。如果耶穌的談論真的即興無條理，那麼馬利納的大綱就是一個能整合鬆散言論的創新模式。馬利納先入為主的觀點，左右經文的分段。但如果他能全盤考慮，經文結構就扮演次要的角色了。哈林頓的研究則留下許多懸而未決的問題。另外，希爾在開始時認真處理全篇講論的內容。然而，當他找不到經文彼此的相關性時，他就認定這些經文是馬太後來編撰的。如果釋經者認為登山寶訓具整體一貫性，那麼編撰就成為另一項研究課題。因此，採用對照研經法的釋經者參考路加福音來研究馬太福音；而認定登山寶訓是一篇完整講道的釋經者，則不受路加福音的影響，而專以馬太福音為研究的關注。這兩種研經法各有千秋不分上下，不應摻雜混用。

2. 重複性的大綱

既然登山寶訓是一篇講道，那麼我們就應按講章的形式討論其內容。講道注重聆聽的接收，因此「複述」的溝通模式極為明顯。登山寶訓具有兩種值得注意的現象。第一種現象屬詞句或片語的明顯重複。每個詮釋者都可察覺八福中反覆出現而自成一格的特徵。另一個顯著的特點出現於五章21至48節有關律法的教導。這些重複的特色，使每個段落清楚易明並且有助於記憶。

第二種現象屬主題的重複。這種反覆的形式在第六章最為明顯。首先，要如何解釋六章19至34節與第六章其他經文之間的關係呢？若讀者注意到第六章的開頭已經論到錢財之事，那麼結尾時再提起錢財之事就不足為奇了。即使不討論第六章的分段如何，這段經文在第六章出現總比在第七章來得更為貼切。[43] 如此說來，第六章涵蓋論錢財的問題。更進一步說，集體禁食和禱告這兩種操練也同時出現在其他經文中（如撒下十二16；詩三十五13）。因此，將兩者並列的確別有用意。[44]

3. 結論性的大綱

每篇講論都有它的宗旨和結論，登山寶訓也不例外。令人好奇的是，在全篇登山寶訓中，每段論述的結尾都出現「所以」一字。下列幾項有關論述結尾的討論，值得我們特別留意。首先，五章48節是第五章的重要結論，特別它緊接在五章17至47節之後。耶穌提到的完全，似乎就是指五章17至47節所論及的各點而言。七章12節也為七章1至11節下了一個重要的結論。雖然很多人認為七章12節是「金律」，但連接詞「所以」一字，承接上文的功用不容忽略。有關經文如何連接的觀察，將在本書的後文討論。最後，七章24節為全篇登山寶訓作出總結。顯然「這話」，是指耶穌在五至七章所說的每句話。

除了那些以「所以」帶出的結論之外，另外還有一些值得留意的結論。這些結論涵蓋的範圍較小，不如前述那麼廣泛。例如，五章19節是耶穌針對五章17至18節的教導作出的結語，卻不能作為下述教導的廣義性結論。五章23節是五章21至22節一般教導的結論性例證。六章2節則緊接在五章48節的結論之後出現，因此佔有極為獨特的地位。由此看出六章2節與六章1節是兩個分開獨立的經節。如此說來，六章1節就成為第六章全章的標題；第六章所有論點都涵蓋在六章1節之下。第六章其他的結論（六8、9、22、31、34），都無一例外地具有相同的功用；也就是說，它們為一小段言論作小結，或提出結論性的例證（六8～9、22）。同樣地，七章11節也為本身的經文作出結語，並進一步顯示七章11節和七章12節的差異。誠如上述所言，七章12節是七章1至11節的結論，因為七章11節和七章12節之間的「所以」一字，排除了七章12節成為七章7至11節之結論的可能性。

4. 本書大綱

上述觀察有助於本書大綱的產生。為了清楚起見，此處首先提出一個較為精簡的大綱。較為細節的大綱則將在後面三章再詳列。

登山寶訓大綱

導論：八福	五3～12
天國的展現	五13～48
天國的身分	五13～16
天國的倫理	五17～48
天國的首要	六1～34
敬虔之道	六1
敬虔的操練	六2～18
結論：首要	六19～34
天國的關係	七1～23
對人與對神	七1～12
對假教師	七13～23
結論：回應	七24～27

註釋：

1 C. Blomberg, *Matthew* (The New American Commentary, 22; Nashville: Broadman, 1992), pp.94～95.

2 如 Lloyd-Jones, *Studies in the Sermon on the Mount* (vol. 1), p.43。

3 過去命令式δεήθητε可表達一種迫切感。對耶穌而言，懇切禱告是整體宣教事工的重要因素。

4 在九章35節與十章7節兩處論及耶穌事工的經文，都用了κηρύσσω一字。

5 或按照西姆（David C. Sim）的用辭：啟示－末世論（apocalyptic-eschatology）。為免混淆，在馬太福音此字主要表達一種宗教觀。參 David C. Sim, *Apocalyptic Eschatology in the Gospel of Matthew* (SNTSMS 88; Cambridge: Cambridge University Press, 1996)。無論是否同意西姆的措辭和方法，他對馬太當代的啟示文學有廣泛深入的研究，故自有其重要性。

6 路加福音十章17節發生在主教導七十門徒之後，但在路加福音，這項記錄並不像在馬太福音這麼明顯。參路加福音九章10節，馬太似乎在強調受苦。

7 對外邦人的事奉也有零星的記載（八5，十五22及下）。有趣的是，馬太對割禮一事卻隻字未提。參 Sim, *Apocalyptic Eschatology in the Gospel of Matthew*, pp.208～209，守割禮是必需的，因為馬太福音五章17至19節暗示摩西律法的實踐。持相反論點認為，馬太福音第五章徹底改變馬太讀者遵守律法的方式。為甚麼耶穌強調某些律法，卻對其他的保持緘默呢？又為甚麼對安息日採取較寬鬆的解釋呢（太十二1～8）？

8 注意太十三15和23的重複用字：ἀκούων= 聽見，συνιείς= 明白。

9 太八10～13也有相同主題。可見，天國與以色列有關，因以色列是以亞伯拉罕之約建國的。

10 參申四10，九10，三十一30。在猶太文獻中也有類似的宗教性質集會。以色列的神權統治，等於是政治性的聚集（如士二十2）。近代所提倡的政教分離觀念，對耶穌和當代的人來說，似乎是陌生的。但就馬太讀者而言，耶穌對教會的看法，是否暗示一種統治（政府）結構？答案幾乎是肯定的。雖然耶穌未曾視自己為政治上的彌賽亞，但基於祂借用《七十士譯本》的政治術語，祂確實是在鼓吹一種統治結構。這些詞語與希臘－羅馬的政治用語雷同。

11 早期教會的末世觀是指彌賽亞第一次來臨到第二次降臨之間的時期。參使徒行傳二章16至20節。

12 在猶太信仰中，神的顯現是常見的。比較昆蘭古卷中記載天使的出現（4Q266 17.i.8～9）。

13 昆蘭社團也持有相同看法，視神末世的審判為伸張正義的基礎（CD ix. 2～4; 1QS x.17～18）。他們的倫理規範是基於將來末世的應驗，而非現今末世的實現。此處，耶穌是以末世的期盼和實現為其倫理基礎。有關昆蘭社團的倫理，參 J. A. Kampen, "Ethics" and M. Abegg, "Retribution" in L. H.Schiffman and J. C. VanderKam (eds.), *Encyclopedia of the Dead Seas Scrolls* (Oxford: Oxford University Press, 2000), pp.272～276, 767～770。

14 耶穌隻字不漏地引用《七十士譯本》，顯明祂是別有用意的。

15 單數παρουσίας預兆前的冠詞，表示這兩個事件互相關連，幾乎可視為是同一件事。有關非人稱名詞的文法結構，參 Daniel Wallace, *Greek Grammar Beyond the Basics* (Grand Rapids: Zondervan, 1996), p.288。預兆的獨一性必然把兩件事件算為一體。基於耶穌的答覆，兩件事件的這種獨一性似乎是可靠的。

16 第二章也出現王權的衝突。當耶穌降生時，大希律為鞏固王位而大肆屠殺。即使與實際情況相反，問題的癥結乃在於耶穌是否真的為王。馬太不管世界局勢如何，認定耶穌永遠是王。

17 比較王下五章以利沙的神蹟。當然，耶穌比以利沙偉大。此處與耶穌在十一章

13至14節說祂的先鋒是施洗約翰相當一致。如果約翰代表末世的以利亞，耶穌當然可視為是以利亞的繼承人以利沙。參十七10～13 對以利亞的解釋。

18 在古代再婚是非常普遍的（Josephus *Vit*. 415）。只要適當的離婚證書，再婚就是合法的。Craig S. Keener, *A Commentary on the Gospel of Matthew* (Grand Rapids: Eerdmans, 1999), p.190 引述後期猶太文獻，證明在耶穌當時，猶太人已經常常辯論再婚的議題。Keener, *A Commentary on the Gospel of Matthew*, pp.530～531 引述拉比文獻（Sifra Qed. P1. 4.200.3.7; Gen. Rab. 24.7）和希臘資料（Diog. Laert. 7.1.124; Diod. Sic. 17.37.6），提出另一個有關相愛命令的例子。

19 關於讀寫能力的著作，參 G. Baumann, (ed.), *The Written Word* (Oxford: Clarendon Press, 1986); A. K. Bowman, "Literacy in the Roman Empire: Mass and Mode," in J. H. Humphrey (ed.), *Literacy in the Roman World* (Journal of Roman Archaeology Sup., 3; Ann Arbor: JRA, 1991) pp.119～131; C. W. Davis, *Oral Biblical Criticism* (JSNTMS, 172; Sheffield: Sheffield Academic Press, 1999), p.21; H. Y. Gamble, *Books and Readers in the Early Church* (New Haven: Yale University Press, 1995); J. Harvey, *Listening to the Text* (Grand Rapids: Baker, 1999); W. Kelber, *The Oral and the Written Gospel* (Philadelphia: Fortress, 1983), pp.165～168; W. J. Ong *Interfaces of the Word* (Ithaca: Cornell University Press, 1977) 和 *Orality and Literacy* (London: Routledge, 1995); M. Slusser, "Reading Silently in Antiquity," in *JBL* 111 (1992), p.499; R. F. Ward, "Pauline Voice and Presence As Strategic Communication," *Semeia* 65 (1995) pp.102～104。

20 許多教父都論及此點。但有些教父有較明確的觀點，有些則無。古代和近代詮釋者的看法紛紜不一。參 B. E. Nielsen, "Jewish Purity Practices and the Christian Fathers," in *Proceedings of the 11th World Congress of Jewish Studies* (Jerusalem: World Union of Jewish Studies, 1994), pp.9～16，特別參照殉道者游斯丁（Justin Martyr）的示例。

21 布朗（R. E. Brown）認為是正統實踐之爭，馬丁（J. L. Martyn）認為是正統信念之爭。實踐與信念二者是不可分的。參 R. E. Brown, *The Community of the Beloved Disciple* (New York: Paulist, 1979); J. L. Martyn, *History and Theology in the Fourth Gospel* (Nashville: Abingdon, 1979)。

22 參昆蘭第十一洞穴的聖殿古卷，可知聖殿與遵行摩西律法的關係。他們為要嚴守摩西律法，詳細規範各項儀式，而道德改革和潔淨之禮常引起爭論。第一世紀耶路撒冷的聖殿就常被嚴厲抨擊。參 L. Schiffman, "Halakhah and

Sectarianism in the Dead Sea Scrolls," in T. Lim et al (eds), *The Dead Sea Scrolls in Their Historical Context* (Edinburgh: T & T Clark, 2000), pp.134～158 有相關的參考書目。

23 參 M. Goodman, *Mission and Conversion* (Oxford: Clarendon, 1994) 的討論和用辭。古德曼（M. Goodman）的論點 (頁88～89) 認為外邦人是因政治理由歸正，而非信仰因素。巴克萊（J. M. G. Barclay）對一些信仰變節的故事，也有類似的分析。例如 John M. G. Barclay, *Jews in the Mediterranean Diaspora* (Edinburgh: T & T Clark, 1996), pp.205～210。

24 太二十三15 是指猶太教積極的傳教行動。依照現有的證據，無法清楚直接答覆猶太教是否積極傳教。在猶太人和外邦人的文獻中，都有為數相當的改教證據（Jos. *AJ*. 20.17, 34～36; Tac. *Hist*. 5.5 等）。參 Keener, *A Commentary on the Gospel of Matthew*, p.548。耶穌的說法可為散居猶太人的景況作註解。由於對外邦人入猶太教的爭論眾說紛紜，可假設改教的情形並未普及整個羅馬帝國。關於第一手的證據，參斯特恩（M. Stern）的評論和註釋：*Greek and Latin Authors on Jews and Judaism* (4th ed.; Jerusalem: The Israel Academy of Sciences and Humanities, 1994)。因此，耶穌的評論對當時普遍的改教情形，並非是不恰當的佐證。一般說來，外邦宗教缺少道德層面，而在希羅哲學卻多有探討。自然地，猶太教特有的道德標準吸引許多異教徒（徒二10，十2、22，十三43、50，十六14，十七4、17，十八7）。

25 有關會堂簡明、有用的研究報告，參 L. I. Levine, *The Ancient Synagogue* (New Haven: Yale, 2000), pp.9～16。他追溯二十世紀初期理論家對古代會堂，從線條簡單到複雜多層的建築結構，所作的全面討論。利維伊（L. I. Levine）整合文獻和實物的證據，對會堂從古至今的發展史有深入、全面的研究。

26 J. J. Scott, *Customs and Controversies* (Grand Rapids: Baker, 1995), p.139.

27 桑德斯（E. P. Sanders）在對猶太教和約瑟夫的詮釋指出，後期法利賽人的優勢是約瑟夫討好他們的善意解釋。參他的 *Judaism: Practice and Belief 63 BCE-66 CE* (London: SCM, 1992), p.387。耶穌在世時，他們沒有參與政治，法利賽人也能避開公元七十年大部分的災難。相對的，撒都該人積極參與政治卻遭受羅馬人對所有反叛者的懲罰，而銷聲匿迹了。

28 這不是說它持續公元七十年的形式，也不是說法利賽主義是猶太教拉比的主要標誌。

29 對早期迫害信徒用辭的精簡討論，參 W. Horbury, *Jews and Christians in Contact and Controversy* (Edinburgh: T & T Clark, 1998), pp.46～48。

30 參開羅藏經庫文獻（the Cairo Genizah Twelfth Petition）。 J. J. Scott, *Jewish Background of the New Testament* (Grand Rapids: Baker, 1995), p.366。

31 B. J. Malina & R. L. Rohrbaugh, *Social-Science Commentary on the Synoptic Gospels* (Minneapolis: Fortress, 1992), pp. 19～20.

32 這是認為耶穌原始講述無從考究之人，用以解釋全篇講論的格式。

33 D. J. Harrington, *The Gospel of Matthew* (Sacra Pagina Series, 1; Collegeville: The Liturgical Press, 1991), pp.82～111.

34 Harrington, *The Gospel of Matthew,* p.76.

35 Harrington, *The Gospel of Matthew*, pp.105～106.

36 D. Hill, *The Gospel of Matthew* (New Century Bible Commentary; Grand Rapids: Eerdmans, 1972), pp.108～155.

37 Hill, *The Gospel of Matthew*, p.108.

38 Hill, *The Gospel of Matthew,* p.117.

39 Hill, *The Gospel of Matthew*, p.132.

40 Hill, *The Gospel of Matthew*, pp.141～153，他根據一套似是而非的前提，如馬太和路加均使用相同的資料來源，來比對馬太和路加的經文，因而找到一些平行對應之處。但希爾只能就顯而易見的經文找出聯繫，對馬太其餘的經文就視為是“Q”語錄，或當作馬太福音的原始文件來處理。無論上下文如何，都不能百分之百肯定它們的原始出處。

41 Blomberg, *Matthew*, p.93.

42 Blomberg, *Matthew*, p.128. 在他的註釋中還提出許多不同的關聯，但此大綱並未提及。

43 Betz, *Sermon on the Mount*, p.ix，留意到六19和七1～12 的關係。一般認為，這是對日常生活的一種全面性教導。但是在第六章結尾和第七章開頭，每看到一些對日常生活的提示，最好都是和論錢財的經文連在一起處理。

44 Betz, *Sermon on the Mount*, p.418指出，埃及古語的〈多馬福音〉也有提到禁食禱告。

第二章

導論：八福（五3～12）

引言

前言與結語，是了解整個講論內容的主要解讀模式。如同現代的講道一般，聖經的講論，亦要求聆聽者特別注意講論的前言與結語。畢竟，馬太福音的講論，與現代的講道並沒有太大的差別，因為它們都是以口述的方式與聆聽者（即猶太聆聽者）溝通。馬太福音的對象，是一羣嘗試了解天國奧祕的聆聽者。

不幸地，對於今日讀者甚或古代的聽眾而言，登山寶訓的前言並不容易明白。至少我們知道耶穌教導的對象包含羣眾以及門徒。大部分的英文譯者，都以詩的編排展現八福的內容（五3～10）。這種編排方式，顯示譯者對於這段經文的詮釋前提。他們的直覺看法可能正確。然而，除了平行結構之外，聖經還包含詩的其他形式。[1] 舉例來說，先知以賽亞的講論形式，顯然偏重詩詞過於散文。聖經另一書卷（即箴言），與八福具有類似的詩詞形式，並且同樣難以理解。[2] 因此，箴言在理解及應用上的挑戰，可以成為我們觀察八福的助益。如同所有的智慧文學一樣，箴言具有引人停駐以便沉思默想的功能。更令人訝異的是，出現在登山寶訓的艱澀詩體用語，通常只針對較有學問的人為談論對象。然而，耶穌卻使用這種風格教導一般庶民的聽眾。這種反諷的修辭策略顯示天國不僅歡迎社會精英加入，更為每一個人而設立。更確切地說，智慧文學的許多特徵也出現於登山寶訓。[3] 舉例來說，一些智慧講論，常以一般的論題或原則為開始，而後再以詮釋的方式例證這些一般論題。在這種智慧文學的範疇中，講者或作者也常採用不屬於自己的傳統。[4] 登山寶訓的金律（Golden Rule）是一個最顯著又為人熟知的例子。許多智慧文學中的段落亦可與其他段落分離，而自成一個具有倫理教導功能的獨立單元。[5]

此外，一些智慧文學也有相互對應的前言與結語。登山寶訓幾乎被有關律法與先知的教導所圍繞。八福精簡的陳述也的確在登山寶訓的一開始，就為讀者帶出詩情及激盪思考的挑戰。在古代的昆蘭社區，聖者（sage）具有向人詮釋「神的旨意」的權威與重任。[6] 耶穌在詮釋律法時，清楚地展示祂聖者的權威。然而，耶穌的身分遠超聖者之上，因為耶穌不像聖者一樣僅是傳達神信息的中間人。當耶穌講話時，祂具有直接由神而來的權威。因此，馬太記錄了耶穌所具有之智慧文學風格，一方面為要挑戰登山寶訓的原始聆聽者，另一方面也要今日讀者在研讀登山寶訓的過程中，稍停片刻以思考其中所蘊含的寶貴意義。在了解原始讀者的思考過程之後，今日讀者也較容易尋獲可行的經文應用。登山寶訓的形式重複出現於路加福音，讓我們看見耶穌這段講論的重要性，因為門徒都費盡心思地，將其內容記誦在腦海中。

除了八福的體裁討論之外，我們可以像鍾馬田廣受歡迎的登山寶訓研究一樣，對於登山寶訓再作更進一步的觀察。鍾馬田認為八福所具有的某些邏輯次序，與修辭論證的方式極為相似。[7] 根據歷史性耶穌（historical Jesus）的研究，我們在登山寶訓的修辭及體裁方面，尚有許多可學之處。尤其是登山寶訓一開始的前言更值得我們多下功夫，以發掘更多的屬靈寶藏。馬太不僅顯示耶穌是神的兒子，他更進一步展現耶穌身為以色列人智慧教師的特殊使命。事實上，許多釋經者已在約翰福音中看見「智慧基督論」（Wisdom Christology）；但僅有少數的釋經者指出，馬太藉耶穌充滿智慧格言的講論而為耶穌帶出的智慧特徵。耶穌不但執行以色列聖者的任務，祂自己就是智慧的化身。[8]

在針對現況之同時，八福也具有未來的傾向。[9] 儘管登山寶訓含有朝向末世審判的觀點，八福卻兼具面對近期未來以及末世未來的看法。在近期未來方面，逼迫即將發生。雖然在耶穌講論登山寶訓時尚無任何逼迫發生，但耶穌卻論及逼迫的來臨。在末世未來方面，耶穌則談論有福的人將擁有天國或地土的福氣。當耶穌在世時，不論由字面或象徵的角度，我們都看不見擁有天國或地土的實際發生。如此說來，對照末世未來，是觀察現在的掙扎甚或近期未來苦境的不可或缺。八福的神學觀，為其餘的登山寶訓帶出道德方面的修辭表達。我們現在可能處於虛心、飢渴慕義，甚至被逼迫的狀態；但因著神完全的掌控，未來應許我們有福與快樂。

詮釋

如同前述，我們必須使用解讀五章3至12節的起始點，作為登山寶訓的導論或倫理基礎。更進一步地說，八福所教導的廣泛意義及深厚蘊含，也同時為登山寶訓提供說明與定規的功能。文學的上下文以及結語，雙雙暗示一種以行動導向觀察五章3至12節的詮釋方式。在前面的討論，已經讓我們看見登山寶訓的前言與結語，必須被視為整個講論非常重要的一部分。因此，明白結語（七24～27）與前言之間的關係，就成為我們研讀登山寶訓的首要步驟。那麼，登山寶訓的前言如何與結語相關呢？

對於能夠閱讀整段登山寶訓的現代讀者而言，我們可以逕先觀察結語的力量，以帶出詮釋前言的方式。但對於古代的聆聽者來說，他們就像小孩等待謎語的答案一樣，必須聽到最後才能知曉整段講論的內容。因此，若將前言視為一個獨立單元，聆聽者勢必倍覺困惑。前言將如同奧祕一樣，促使聆聽者停止片刻以思想其中之意義。前言包含極少的行動命令，但它所具有的倫理涵義卻巨大深厚。當我們在下文更深入地探討八福時，我們就可以親見它的倫理價值了。結語則在這方面發揮它的功能。結語非常清楚地將焦點專注在行動的層面。耶穌強調聽道與行道（七24、26）。所以，如果結語被視為理解前言的詮釋經緯，那麼我們可以說前言不僅敍述一些事實，並且預備聆聽者以義的行動回應耶穌的教導。這些義的行動，正符合耶穌的天國倫理。

然而，我們亦不可錯失，八福對於耶穌及其跟隨者的事工所含有的預言功能。八福在許多方面與馬太福音講論及敍事之間的交融混合，更不容讀者忽略。這些主題的自由交錯，展現一件事實。即，所有的八福僅在描述「一種」情況以及「一種」人。八福並不是描述不同的情況或不同的人，因為耶穌單一地以「有福的」或「快樂的」，描述那些與神國度有分的人。[10] 尤有甚者，耶穌在五章11至12節由前文的第三人稱轉變至第二人稱，可見耶穌的八福乃是針對「一」羣人而發出的教訓。這一羣人具有五章3至10節所提及的全部特性。在他的文化研究中，德席爾瓦（David A. deSilva）注意到，「有福的」常與被尊敬的人有關（例如啟二十6，二十二14）。[11] 斯托得如此評論：「它們……是同一羣人所具有的八種特性……」。[12] 德席爾瓦同時注意到這些都是高貴可敬的特質。[13] 然而，幾乎在所有的例子中，八福所描述的特質都被耶穌當時文化看為羞恥的。更確切地說，耶穌將文化看為羞恥的視為可敬與有福的。所有天國公民都應該多多少少展現八福的特徵，並且在現世生活中蒙受八福的祝福。在我們逐節討論八福的意義之前，我們必須先觀察五章3至12節如何在結構上成為登山寶訓的導論。

八福的結構明顯經過馬太的刻意安排。出現在八福開始與結尾（五3、10）的「天國」一詞，前後呼應將八福串聯在一起。[14] 在這種方式之下，耶穌以八句陳述簡明綱要地為眾人帶出天國的樣式。八福的內容由個人擴大至整體的層面。耶穌的陳述亦由虛心的、憐恤人的、使人和睦的，進展至為義受逼迫的討論。換言之，八福將有福的人由個人的生活內圈，向外推至與他人產生關係的羣體範圍。在本質上，這八種福氣並不單由個人的敬虔而來，它與正面或負面的人際關係亦有重要的關連。

八福的修辭也顯示一種獨特的風格。被動語態不斷地出現在八福中。例如，哀慟的人必得安慰（五4）、飢渴慕義的人必得飽足（五6）、憐恤人的必蒙憐恤（五7），以及使人和睦的必稱為神的兒子（五9）等等。這種被動語態的筆法，可能是希伯來語的寫作特徵。在希伯來語中，被動語態不單表示神是動作的隱含主詞（implied subject），並且強調動作接受者的從屬（subservient）地位。這種修辭風格強烈展現神在八福中的主動地位。神知道八福所蘊含的價值，必使天國公民得享祂所賜的祝福。

除了由整體結構觀察八福的信息之外，八福每一節的結構也像謎一般地難以理解。同時，八福有許多內容乃是針對特殊的需要而發出的。這種需要惟獨耶穌能夠供應與滿足。如此說來，出自八福的每一項祝福或喜樂，不僅考慮不同的情況並且帶出耶穌所提供的答案。八福一開始的前面四句陳述，以相互矛盾的形式展現。現在讓我們來檢視這幾項祝福各具的矛盾，以更深入了解它們的意義與蘊含。在前四項祝福之後，後續的四項祝福可以分成兩個相互補充的部分。

第一項祝福（五3）論及靈裏貧窮的人（即虛心的人）。這項陳述極具反諷性，因為貧窮與國王或國度毫不相關。「貧窮」（poor）一字的來源，事實上與乞討有關。變得貧窮就是成為乞丐的意思。[15] 靈裏貧窮的人貧窮到一個地步幾乎一無所有（例如可十二42～43）。如此說來，靈裏貧窮的人就是靈裏一無所有的人。[16] 在五章3節之前，我們看不見有關天國定義的描述。但第一處清楚提及「天國」的馬太經文出現於三章2節。施洗約翰在這節經文中，呼籲以色列人應當悔改以預備天國的來臨。[17] 天國出現在八福的次序（五3），與施洗約翰帶出天國的方式，具有引人深思的相似之處。惟一不同的是，第一項祝福強調人必須靈裏貧窮，才能蒙受擁有天國的祝福。那麼，悔改是靈裏貧窮的人（虛心的人）所具有之特色，應該是合理的推論。施洗約翰這項宣告的次序，的確為五章3節的經文帶出清楚的定義。[18] 耶穌開始傳道時也發出與施洗約翰相同的宣告（四17）；耶穌的宣告更加肯定了「靈裏貧窮」的定義。[19] 施洗約翰與神的兒子耶穌所發出的宣告，不啻為靈裏貧窮的人具有悔改之態度提供雙重的肯定。

雖然跟隨耶穌可能導致貧窮的後果（例如八20，十9～10），但鍾馬田精準地指出自願貧窮並不是這節經文的正確應用方式，因為馬太福音的耶穌跟隨者來自社會各個階層。[20] 更確切地說，耶穌所倡導的乃是，惟獨虛心的人才能承受神所賜與的天國。如果虛心的人與物質的缺乏有關，那麼世上的國度將填補他們在物質上的空虛（例如四8）。然而，耶穌所論及的天國將使內心貧窮與需要的人得到滿足。

在天國與世上國度的對立之間（即四8），耶穌清楚地劃分祂為世人提供的永恆滿足，與世上國度的暫時供應是何等地不同。十九章14節與十九章16節及以下經文的總綱性比較，更讓我們看見在馬太的時代，擁有與缺乏之間的反照。門徒對於小孩的輕視在當時不足為奇，因為小孩沒有任何法律上的權益。然而，耶穌卻說：「讓小孩子到我這裏來」（十九14），因為在天國的正是這樣的人。反之，年輕富人倍受社會尊重，因為他擁有一切的法律權利及責任。出乎意料地，耶穌竟要求這位年輕富人變賣一切所有並跟從祂。年輕富人無法遵從耶穌的吩咐，因此只有小孩子能夠進入天國（十九23～24）。當然，這並不意味富人無法進入天國。因為馬太自己就離開稅關放下一切而跟從耶穌（參九9）。只是對於富人而言，放下一切顯得特別困難，因為財富經常成為跟隨耶穌的攔阻。當富人放棄財富時，他們將經歷一種憂傷；這種心情來自無法再享有過去富裕的痛苦。十八章23節亦討論物質與屬靈財富的對照。這個議題包含高度的倫理與人際關係思考。這位毫無憐憫心的僕人，自己無力償付虧欠國王的巨債，竟敢要求欠他十兩銀子的同伴還清債務。這位僕人實在錯誤，因為他忽略人際關係遠較物質擁有來得更為重要。有些時候，缺乏物質的人反較容易進入天國。其實，這個比喻的中心點乃是饒恕的心態（十八35）。

緊接著十章8節之後，醫治病人、叫死人復活、叫長大痲瘋得潔淨、把鬼趕出去等事迹，讓人看見天國已經近了。這些事迹的彰顯，強調那些不屬於富人的「平民百姓」是天國的承受者。天國正是這一羣人的。天國的賜與也端賴自由選擇虛心之人的君王耶穌。在十三章14至17節的經文中，耶穌甚至使用比喻以使羣眾無法了解天國的奧祕。清楚表現在馬太福音十三章的揀選神學，為五章3節的箴言謎語揭示答案。在綿羊與山羊的比喻中，耶穌也論及代表君王的一羣被壓迫者，即信徒羣體（二十五34～40）。如此地，在等待後文講論的揭示時，五章3節巧妙地帶出交融在一起的末世論、救贖論，以及基督徒倫理。

極為明顯地，那些虛心的人也可能為了天國的緣故而遭遇物質財富的缺乏。[21] 逼迫的相同主題，可見於馬太福音末了部分的末世講論（二十四9及下）。[22] 可見，虛心的人極有可能與物質上的貧窮有關，因為他們是一羣遭受逼迫的天國公民。靈裏貧窮，可能源自為君王及天國的緣故而產生的物質貧窮。[23] 但無論在物質上富足（例如九9～13）或貧窮（例如十一5b），惟獨耶穌的賜與才能滿足世人真正的需要。八福與馬太福音其他部分的連結，顯示耶穌的君王身分與國度之間的關係。如此說來，除非人完全順服耶穌基督，否則八福不可能真正地實現。

天國還有哪些方面值得我們學習？當馬太的講論漸次揭曉時，我們看見未來的國度出現在馬太福音的末了部分（二十二～二十五章）。我們必須明白國度不但具有「已經」以及「尚未」的層面，還具有「不斷進展」的層面。這就是為甚麼耶穌在跟隨者尚未完全擁有天國之前，就能應許他們天國的原因了。因為天國暗示一位君王的存在。耶穌也的確在七章21節論及主的治理權威。在這節經文中，耶穌明指那些口稱「我主啊，主啊」，卻沒有真正在生活與教導上尊耶穌為主的人，絕對不能進天國。現在讓我們根據希羅文化的背景來觀察「主」一字的涵義。事實上，凱撒就是一個極好的例子。羅馬皇帝之所以擁有凱撒的頭銜，乃是因為他是一位君王。然而，與凱撒恰成反照的耶穌是一位真正的君王。祂並不屬這世界，祂是天國的君王。

八福的第二項陳述（五4）論及那些哀慟且必得安慰的人。經文並沒有仔細說明哀慟的所指為何。但由虛心到哀慟的邏輯進展，卻可為我們提供比較清楚的暗示。因為靈裏的貧窮極其自然地將人引至哀慟的地步。如果我們預設五章4節的經文建基於五章3節之上，那麼哀慟並不完全來自物質的缺乏。哀慟也不見得僅是為罪憂慮的情緒。[24] 就像前文討論的所得，如果我們認為一個蒙福的人應該具有八福所有的特徵，那麼，哀慟的人也應該是虛心的人。如此說來，這裏所指的哀慟者，就不是那些接受世界價值觀而變得不快樂的人了（例如十九16～22）。反之，哀慟的人應該與神同悲令神憂傷之事，並且認識自己在屬靈上的貧瘠而尋求天上的財富。[25] 我們可以從舊約聖經發現許多使神憂傷的事，而新約聖經也讓我們明白許多令耶穌心痛的事物。諸如，信仰上的背道（例如 十一20～24）、社會的不公義（例如十八21～35，十九21），以及對於義人的一般性逼迫等，都在耶穌的心中佔有最前列的地位。[26] 所以，由信徒因地上之境況而受苦的角度來理解哀慟的概念，應該不是困難的解讀應用。

再者，縱貫舊約聖經，我們可以發現哀慟是猶太人表達包含死亡之各類受苦的慣常方式。有時因忠於天國的緣故，天國公民會面臨死亡與受苦的逼迫。五章3節預期信徒會計算跟隨主的代價。因此，耶穌的跟隨者必須計算跟隨主的代價（八18～22），而這些代價有可能導致信徒經歷靈裏的貧窮（五3）。另外，神的子民遭受不公義對待的觀念貫穿整個講論。在五章21至26節及五章38至42節這兩段經文中，我們看見發生在人與人之間的許多衝突。耶穌對於衝突的教導，也在敵人的提及中達到高峯（五43～47）。最後，六章25至27節論到這世界為人帶來的憂慮。[27] 在這個令人哀慟的世界中，耶穌為人帶出安慰的應許。五章4節讓我們看見，當虛心的人完全擁有天國之後（五3），神將挪除一切導致他們哀慟的原因。安慰即將來臨，因為基督是君王。

第三項祝福（五5）的陳述亦自相矛盾，因為溫柔的人竟然能夠承受地土。根據主禱文（六10），我們理當認為這個世界是屬於神的，因為它是整個創造次序的一部分。馬太使用「父親的」用語描述天父（六9），的確非常符合八福這段經文的上下文。[28] 五章45節不僅明言耶穌的跟隨者是天父的兒子，並且強調天父所具有的絕對權威。然而，當時以色列的土地完全受制於羅馬人的統治，這一羣溫柔的人又如何能夠承受侵略者明顯霸佔的土地呢？再次地，我們必須以五章3至4節作為解讀五章5節的依據。隨著哀慟的態度（五4），溫柔的心極合理地成為下一步的表現。這一羣擁有天國的人不但獲得安慰並且承受地土。如果神真正擁有天地萬物，那麼信靠祂與遵從祂的價值觀之人終必獲得最後的勝利。許多釋經者刻意指出，此處的「溫柔」並不隱含軟弱的涵義。[29] 它也不具被動的意味。事實上，惟有剛強壯膽的人才能顯出溫柔之心。

第四項（五6）以及最後一項祝福（五10～12）同時顯示，溫柔的人並不是毫無反應並任由世界擺佈的懦弱之人。換言之，溫柔的人追求公義的生活方式，甚至願意為義受逼迫。耶穌再度使用這句陳述，表彰神的道路與人的道路完全相反。讓我們借用斯托得最喜歡的「反文化的」一詞，來形容神的道路。[30] 既然溫柔與憐恤是非常相近的觀念（例如十一29，十二7），我們可以總結耶穌所要求地乃是伴有實際行動的態度。耶穌盼望信徒能夠從最根本的層面，來改變這個世界。[31] 莫理斯（Leon Morris）清楚又正確地指出：「不可將溫柔與軟弱混淆在一起。」[32] 更確切地說，披覆著力量的勇氣，使得溫柔的人能夠為需要者挺身而出。因此之故，天國的公民蒙獲承受地土的福氣。耶穌的方法不但具革命性並且極為獨特。祂以溫柔而非暴力，和平而非軍事征服，戰勝這個世界。[33] 事實上，十一章29節的經文彰顯了耶穌的特性，而舊約經文的引用（二十一5），則以相同的字彙確認耶穌所具有的特性。耶穌心裏柔和又謙卑，祂騎驢駒進入耶路撒冷的行動正是這種特性的展現。祂的進城並非軍事將領的凱旋歸來，而是和平君王的駕臨。

第四項祝福（五6）所顯示的矛盾在於，飢渴慕義的人所渴求的，並非物質的飲水與麵包，而是屬靈的食物。耶穌將很快地展示這節經文所論及的「義」；它是天國所特有的「義」。[34] 雖然世界所定義的「義」，可以經由法律的制定而對人有益（例如彼拉多的太太，參二十七19）；但耶穌所論及的義，並不單單要求祂的跟隨者成為世界的好公民。更確切地說，他們必須以神的公義標準為優先。神的標準極有可能與世界的價值觀衝突，然而，神的標準永遠超越其上。人飢餓與乾渴，是因為他們需要吃喝以維持生命的健康。義，能夠維持天國公民的生命。當天國的公民認知義的超越性時，他會將義視為生命之不可或缺而盡力追尋。為使飢渴慕義的暗喻顯出功效，我們必須將其視為吃東西的暗喻，當然在此所指的食物與飲水並非真正的物質，而是屬靈的糧食。對於兼具富人與窮人的聆聽者而言，這個暗喻的確非常重要。因為這兩組人都有物質上的需要。不論社會階級如何，富人與窮人都追求飢渴需要的滿足。事實上，四章2節談到耶穌肉體上的飢餓。甚至在受試探的記錄中，耶穌的第一個試探就為我們帶出物質與屬靈需要的清楚對照。

一個飢渴慕義的人，必定對自己所缺乏的具有某種程度的欲望。尋求公義的那羣人竟然出乎我們的意料之外。因為二十一章

32節讓我們看見，相信施洗約翰的是一羣稅吏與娼妓。他們遵循施洗約翰所宣告的義路。顯然，飢渴慕義的人並不限於某種特定人物，他們也未必篤信宗教。當然這並不表示，耶穌時代的宗教人士無法進入天國或毫不飢渴慕義。耶穌乃是指出一項事實。也就是說，飢渴慕義的人未必是嚴謹敬虔的人士。另外，祈求不得實現的觀念可見於七章7節以下的經文段落，亦與飢餓的觀念相似。在這段經文中，耶穌論及帶有強烈動機的祈求、尋找，以及叩門。在末了的經文（七12），耶穌揭示義的互動就是神要賜給兒女的禮物。因為天國公民願意人怎樣待他們，他們也要怎樣待人。由義而來的屬靈財富，無法用個人的物質所有來衡量。總的來說，飢餓的觀念預備聆聽者進入後文有關食物的討論。若與主禱文的其他部分相比（六9～10、12～13），食物在主禱文中的出現實在極少（六11）。因為第四項祝福（五6）已為主禱文的倫理教導撒下種子。至此，肉體的需要清楚地對照了非肉體的需要。無怪乎，五章5節的溫柔之人要拼命地尋求義；因為他們不僅具有溫柔的外貌，還迫切地想要得著義。可見，一個飢渴慕義的人極有可能也是一個虛心、哀慟和溫柔的人。

驕傲的人不需要尋找義，因為驕傲的人常以自己的現況為滿足。驕傲的人可能表面謙卑，卻對自己可怕的光景缺乏真正的了解。為了讓我們對於義有真正的渴求之心，我們首先必須誠實地承認我們並沒有所有的答案。實際上，虛心、哀慟，以及溫柔，都指向人無法自救的現實。不論是整體或個人的努力，人總是沒有能力拯救自己。我們也不可以要求別人過於對自己的要求。甚至我們過去的屬靈勝利，都不是現今成功的安歇之處。我們反倒應該承認自己的不足並對其採取行動。一個飢渴慕義的人明白自己身為人的軟弱，因此他會省察自己，而不會輕率地對他人驟下評判。

由聖潔運動（Holiness Movement）而來的某些宗派教導，讓人以為在一些屬靈經驗之後就可以達到義的高峯。這種具有特別經歷的人常被視為屬靈範例。但實際上，生活在地上的基督門徒，沒有一個應該以自己現有的屬靈光景為滿足。我們永遠不可以停留在過去的勝利中。因為停滯不前代表一種行為上的自滿，甚或屬靈上的退後。這並不表示信徒不能具有因成熟而來的屬靈自信，但信徒必須永遠依照神的命令，盡全力行使神看為對的事。義，解決了導致虛心、哀慟，以及溫柔的問題。因此，信徒對於義的追求永無止境，應該永遠向更高的目標攀登前進。如同身體需要食物與水一樣，飢渴慕義的人明白義的追求是屬靈生命的不可或缺。我們不可僅停留在缺乏義的認知上，還必須更進一步地主動尋求義，好像我們的生命不能缺少它一樣。五章20節及以下的經文，將為我們明確地陳述義的標準。事實上，在登山寶訓的其他部分，積極尋找倫理標準的人與飢渴慕義的人具有完全相符的特徵。

如果聖潔運動所帶出的屬靈經驗並非義的正確定義，那麼甚麼才是呢？八福的特有結構，將義的觀念當作強調的焦點。根據字彙的觀察，耶穌在前言中將自己的教導，與馬太福音其他部分連結的第一處經文應屬五章6與10節。在這兩節經文中，耶穌都談到「義」。[35] 義的重複出現使一些釋經者相信，五章6節是將八福分為兩部分的中間點。馬太運用許多概念揭示義的意義。有關義的更進一步討論，則可見於五章20節、六章1節，以及六章33節。當經文愈具體帶出義的定義時，義與倫理範圍的關連愈加明顯。五章20節論及法利賽人所具有的義，這種義就是耶穌時代的猶太教所能提供的最佳信仰。然而，如果具體明確的義不能建基於法利賽人的義，那麼到底甚麼是義呢？

雖然五章6節開啟了義的論題，但六章1節以及六章33節卻更進一步帶出義的定義。六章1節特別談到義的「行動」。這裏所定義的義不僅是一般性的義，它還含帶行動的導向。這種行動導向可能具社會性或個人性。六章33節將這種行動與天國聯繫在一起。因此，屬於天國的每一個成員都應該展現相同的「義」。

耶穌將前言中的教導與馬太福音其他部分連結在一起的另一處經文，可見於五章19節。在這節經文中，耶穌告訴我們天國的成員也有地位等級的區分。[36] 在天堂具有高位的就是實行又教導耶穌話語的人。在此，我們看見承傳耶穌倫理教導的重要性。在八福的一開始，耶穌就以天國為首要優先，讓我們意識到天國對於整個講論以及馬太福音全書的重要性。耶穌在馬太福音所教導的義，具有以遵守並實行天國價值為優先的意味。其實，義就是天國公民的生活標準。

由第四項祝福而來的應許亦極為重要，因為神的主動表明人的滿足乃是由神而來的。[37] 祝福並不完全來自人的努力，何況人的努力並不是此處的焦點或強調。更確切地說，耶穌乃是應許那些以義為正確優先的人，神必供應他們的需要。

第五項祝福（五7）談到憐恤人的必蒙憐恤。兩者間的相互關係已在他處經文清楚顯示（例如六14～15，十八21～35）。九章13節讓我們看見，憐恤是神所喜愛的。雖然神的憐恤與人的憐恤好似對等，但神的憐恤所蘊含的偉大，顯然遠超人不完全的憐恤表現。五章7節並未對憐恤的觀念作出明確的定義，但六章2與4節卻具體地表達它的涵義，因為這兩節經文將施捨與憐恤連結在一起。[38] 另外，六章2與4節的例子也讓我們看見，耶穌時代的文化認為憐恤必然帶有行動。換言之，如果五章7節是開啟有關憐恤之對話的前言，那麼，六章2與4節就為真實生活中的憐恤揭開面紗。憐恤的真正意義，就是藉著奉獻幫助社會最低層的貧窮人。馬太福音的其他經文也告訴我們甚麼是憐恤的反面。十二章1至13節帶出許多主題，其中之一就是憐恤的要旨。這段經文的第一個主題，與法利賽人遵守律法的心態有關。高升成為宗教權勢的法利賽人以自己的宗教角色發揮巨大的影響力，因為他們擅於根據當時的情況教導猶太人如何遵行律法。[39] 在十一章25節及以下的經文中，耶穌已經談論如何得安息。在十二章1至13節，耶穌則藉著行善事（十二12）為飢餓的人提供安息，並為一隻手枯乾的人帶來醫治。可見耶穌看重人的價值，並且展現祂對窮困之人的同情與憐憫。相反地，法利賽人不但不以憐恤為關注，卻以律法的規定為他們的焦點。在這種情況下，法利賽人顯然錯失了憐恤的本質，因為十二章7節清楚地帶出神對於憐恤的喜愛。

既然根據耶穌的教導，憐恤與溫柔具有某種程度的關連，那麼我們可以推論，憐恤人的也具有前面四項祝福的特質。憐恤人的努力活出義的生命，因為憐恤是義的一部分。[40] 依此來看，溫柔的人、哀慟的人，以及虛心的人，也同樣追求義的生命。他們為環繞在四周的不義或淪喪的境況而哀慟。真實的義具有憐憫的要素，因此義人憐憫冒犯者或違規的羣體，並不對其加以懲罰或定罪。十八章21至35節為讀者提供一個有關憐恤的比喻例證，它闡明了五章7節的意義。這段經文中的憐恤與饒恕有直接的關係。所以，將五章7節視為「那饒恕人的有福了，因為他們必得饒恕」，應該是一種合理的間接觀察。這種觀念也在六章12節與14至15節的經文中清楚顯示。可見，五章7節為馬太福音十八章的比喻鋪設了討論的語調。

憐恤人的表彰神的憐恤，因為五章7節清楚陳述神具有自由給與及收回憐恤的權柄。既然我們原本不配獲得神的憐恤，我們理當白白地將神的憐恤施與他人。當我們沒有如此行時，我們表現自己配得神憐恤的心態，這種心態絕對不蒙神的喜悅。換句話說，經由信徒憐恤行動的流露，神的憐恤被表彰出來。斯托得如此寫到：「沒有一事較我們願意饒恕人，更清楚證明我們是一個已經被神饒恕的人。」[41] 憐恤的人成為憐恤之神的最佳見證；因為他們的生命具體展現神的憐恤。正如耶穌不願意一百隻羊中的一隻走迷一樣（十八10～14），天國公民也因憐恤之心蒙受神的憐恤。如此說來，八福的第一部分補充了第二部分。一個飢渴慕義的人（五6）會極為自然地活出憐恤人的生命。畢竟，他知道自己在義的方面有所缺乏，再加上他也明白自己有無法數盡的軟弱之處。一個憐恤的人在控告與審判冒犯者之前，不但謹慎並且先行自我省察，因此更加顯露憐恤之情。總的來說，真正的憐恤來自對於義的屬靈飢渴。

第六項祝福（五8）論及清心的人必得見神。清心具有潔淨的觀念，來自猶太人的禮儀律法。[42] 更重要的是，「潔淨」亦可被譯為「健康的」。換言之，耶穌所說的潔淨並非外表而是內在的潔淨。在後文的教導中，耶穌將繼續肯定內在潔淨的重要性。二十三章26節也讓我們看見，法利賽人必須先洗淨杯盤的裏面好叫外面也乾淨。可見，整個有關內心潔淨的觀念強調倫理與內心的清潔，並非針對儀式的潔淨而言。潔淨觀念的衝突一直是耶穌在世上的掙扎。這種現象普遍出現於馬太福音與其他文獻中（例如十二1～14，十五1～20等）。有關內在潔淨的討論，以比喻的形式出現於七章15至20節。這段經文讓我們看見，外在的行為是內心是否健康的指標。與五章3節平行的十三章19節，帶出耶穌對於心的問題之討論。許多與心有關的議題也出現在後文中，因為耶穌繼續針對憂慮與貪愛錢財的問題提出教導（十三22）。此外，不同的土壤代表不同的信息接受者，但只有一種土壤代表真正接受天國的人。其中的關鍵在於聽見與明白天國的道理。耶穌的確在多處經文中談論內心的潔淨，而這些觀念的真義都將在講論的進展中漸次揭曉。極為反諷地，一個人的內心與是否能看見神的視力有關。顯然這裏所論及的視力並非指肉眼看清視野的良好能力。

根據內在潔淨的觀念，一個人有可能視力不好甚至眼睛瞎盲，但卻仍具明白神的內在眼光。第六項祝福應許得以見神的視力，顯示眼睛是洞察力的象徵。眼睛繼續在講論中佔首要的地位。例如，五章29節負面地指出，眼睛是使人動淫念的工具。[43] 所以，眼睛是道德眼光或光景的象徵。六章22節的經文則描述眼睛是身上的燈，掌管全身的黑暗或光明。還有在七章3至5節論斷人的經文中，眼睛代表一個人是否能夠正確判斷的眼光或觀點。如此看來，耶穌展現「看見」的正負兩面。十分清楚地，耶穌已經預設了潔淨與不潔淨的定義。祂的跟隨者也嘗試了解這些定義的內涵。顯然耶穌的定義專指內心的潔淨。但這又代表甚麼意思呢？將這種描述外在特質的字彙內在化，是耶穌為登山寶訓其他部分帶出天國倫理的前奏。耶穌強調內在心態的暗示並非到第五章的末了才出現，事實上，這種看法在第六項祝福時（五8）已經成形。在與這段經文有關的講道中，一位十九世紀的著名美國牧師米勒（J. R. Miller）曾經如此說：「我們的思想，具有道德的特質。」[44]

到底心的真正所指為何？五章28節更深入地讓我們一瞥心所代表的涵義。這節經文所論及的心，反映人真實的道德光景。因為人犯罪不見得僅是外在的表現，內在的光景也可能遭受定罪。

六章21節教導我們，心是一個人的首要優先。當耶穌說「財寶在那裏，心也在那裏」時，祂所指的是生命的優先順序。再者，內心的潔淨必須通過正確的自我了解才能辛苦獲得。當人甘心為天國犧牲而虛心與哀慟時；以及當人因具有正確的自我觀而溫柔、飢渴慕義，並且表現憐憫之心時；他自然具有一顆潔淨的心。極為反諷地，潔淨來自看見自己的不完全甚或不潔淨（五6）。這是一種屬靈上的矛盾。如此說來，追求義的生活更進一步為人帶出潔淨的內心。而潔淨也以義的倫理應用為前提。沒有義的潔淨，只是一種自欺欺人的假象罷了。

第七項祝福（五9）將使人和睦的人與稱為神的兒子連結在一起。極合邏輯地，在人得見神之後，人就能夠與神建立關係並且具有「神的兒子」之地位。事實上，經文清楚地告訴我們「他們必稱為神的兒子」。如果我們暫將「神的兒子」當作馬太福音中完美以色列的同義字（例如二15；引自何十一1），那麼，「神的兒子」將成為象徵馬太福音中完美神子民的典型。[45] 身為神的養子，真正的以色列人當然應該活出這個身分所具有的和平特質。既然耶穌的事工以神的兒子之身分為焦點，那麼所有承接耶穌事工的人都應該被稱為神的兒子，因為他們具有與耶穌相似的特性。凡屬於神的人都像耶穌一樣，能夠讓旁觀者看見他們使人和睦的行動。換句話說，使人和睦的人是最像耶穌的人。當人看見他們的行為時，他們被稱為神的真兒子，因為他們具有基督的形像。這也是為甚麼那些因為微小的教義差異及不同的經文詮釋，就與弟兄姊妹分離對抗的人無法見證福音所具有之和睦使命的原因了。巴克萊生動地描述這些爭論者：「有些人永遠是紛爭、痛苦，以及衝突的暴風中心。不論在何處，他們總是與人爭吵，或是成為他人爭吵的導火線。」[46] 這些人虧欠了天國公民的身分，並且成為耶穌要信徒合一之理想的羞恥。然而，如果天國公民使人和睦，他們將因自己的工作得到稱讚並且使人看見神的榮耀。更美的是，如果信徒能夠一起表現和睦的生命，他們將以更大的動力表達神使人和睦的真理。

既然父親的暗喻出現在此節經文中（五9），我們可以說使人和睦的工作是具有天父形像的標誌。[47] 在主禱文中，神供應那些向祂祈求的兒女（六11）。可見，神的後嗣也因禱告而承受地土。神的父性成為耶穌實現應許的基礎。在耶穌來到世上之前，神並不常被視為父親。[48] 如同父親的形像使得信徒對神的應許深具信心。雖然身處在不完美的世界中，但對神的應許仍有信心的信徒羣體，也由具體可見的家庭轉變成屬靈與無形的家庭。在使人和睦的表現中，神一些可以轉移的屬性成為信徒生命的特徵。他們快樂並且有福，因為他們的行動表明他們屬天的身分。更進一步的邏輯告訴我們，這種和睦常需付上極大的代價，它是為義犧牲的結果。它也不一定確保使人和睦的人必定安然無恙。事實上，耶穌預計這羣天國子民的聆聽者，在面對可能的貧窮遭遇以及服事神或瑪門的抉擇時，生活將變得十足痛苦（六25及下）。[49] 在這種受苦的過程中，天國公民將展現一切有福的特質。上一世紀著名的英國講道家摩根（G. Campbell Morgan）將逼迫稱為「一種痛苦及受難的過程……經由這個過程，人建立了這種偉大的品格（即八福）」。[50] 和睦並不代表向逼迫者妥協，耶穌在此所論及的和睦建基於神的義（五6）。沒有義的和睦，僅是虛有其表的空洞表現。耶穌所說的和睦是無以數計之掙扎而產生的結果。當德國的認信教會（Confessing Church）指責希特勒（Adolf Hitler）的恐怖政策時，她成為使人和睦的偉大典範。因她的非難，許多人被社會疏離、威脅，甚至喪失生命。和平的代價昂貴無比。和睦絕對不是心中平安的感覺。基督的門徒必須隨時預備為信仰付上代價，而最後一項祝福具體地為聆聽者列舉了代價的內容。在八福獨特的上下文中，到底和睦的真正意義為何？

使人和睦的觀念貫穿整個講論，因此我們愈仔細觀察我們就愈了解它的意義。在五章23至26節，耶穌提到法律訴訟的可能性以及避免其發生的方法。在五章38至42節，耶穌則帶出不以惡報惡的教導。耶穌甚至更進一步談論要愛自己的仇敵（五43及下）。在主禱文中，耶穌強調饒恕他人的重要（六12）。另外在七章1至5節，耶穌警告信徒不要隨意論斷他人以避免不必要的紛爭。如此說來，聖經的和睦並非內在平安的感覺，而是符合耶穌信仰的關係和諧。[51] 希伯來語的平安有兩種層面的涵義。一方面，它代表人與人之間的和諧關係（即水平的關係）；另一方面，它顯示人與神之間的和平（即垂直的關係）（民六24及下；王上五12）。[52] 和睦的雙重含義不僅成為耶穌時代之猶太人的倫理範例，也為登山寶訓設下講論的語調。

許多人際關係的例子明顯出現在登山寶訓的信息中。其中包含：與人和好（五21～26）、婚姻與一般的忠實操守（五27～37）、愛（五38～47）、施捨（六2～4），以及論斷他人（七1～6）等。我們也在禱告（六5～13）、禁食（六16～18）、投資（六19～34）、進入天國（七13～14），以及結果子（七15～23）等方面，看見人與神之間的關係。更確切地說，我們看見許多平行與垂直關係的相互關連。這兩者間的關係透過與人和好（五21～23）、姦淫（五29～30）、忠實（五33～35）、愛（五45～46），以及饒恕（六14～15）的形式，清楚展現在登山寶訓中。哈林頓具體地為這兩者的關係作出評論：「我所了解的信仰就是，一個人如何根據他與神之間的關係而與他人發生關連。」[53]

一個使人和睦的人必然會確定，他與神的垂直關係以及與人的平行關係健康又良好。從聖經的用法來看，平安一字不單表示沒有戰爭的狀態。[54] 第一世紀雖然沒有戰爭，但它的和平顯然來自軍事力量的壓制與統管。[55] 塔西陀（Tacitus）這位著名的第二世紀羅馬歷史家，在當時就已頗具洞察力地寫下：「我所進入的歷史時代是一個充滿災難的時期，許多令人驚嚇的戰役加上內戰的折磨，甚至在和平時都令人恐怖不安」。[56] 明顯地，他注意到無戰事的平安竟與戰爭時的驚懼一樣恐怖。更進一步地，聖經與典外文獻都指出，耶穌時代的非猶太人常在社會與宗教方面誤解猶太人，因而導致猶太人與外邦人之間的衝突。[57] 這種衝突的記錄顯然隱含羅馬帝國的和平，是藉著政治與軍事力量而成就的意味。耶穌的和平則是許多身為農夫的一般庶民所實現的。斯托得將耶穌通過教導帶出的革命稱為「和平的革命」。[58] 斯托基（Alan Storkey）甚至更直接地描述這種和平：「生活在神面前，去除了整個專制政治風氣的神祕感。人們可以憑自己的選擇自由地活在神面前。」[59] 這才是真正的和平，因為人可以不受權力政治的影響，而自由地以毫無瑕疵的正直與人建立關係。

第八項祝福（五10）論及一些為義受逼迫的人。直至目前，義被預設為天國公民應當具有的特質。如果我們將八福與後續經文相互比較，我們將更清楚這節經文的意義。五章13至16節討論鹽與光的暗喻。根據第一章的結構綱要，五章13至16節隨著五章3至12節出現。畢竟，緊隨前言出現的經文段落，一定與前言具有最密切的關係；因此，前言就成為後續經文的直接引言。並且我們看見五章13至16節對於行善事的強調，與結語的要旨極為相似。所以，這節經文所講論的義（五10），乃指天國公民的特性與身分。鹽與光的暗喻討論基本上以「也當這樣」為結束，而

「也當這樣」也針對暗喻提出了解釋。因此，第八項祝福及鹽與光的暗喻，具有相同的強調重點。尤其在義的生活方式上（五10），五章3至12節是「善事」及結語的倫理基礎。這種關連簡單又直接。詮釋五章3至12節的最佳角度，就是不要將其當作完美的理想，也不要將其視為事實的陳述。相反地，它以詩詞與箴言的形式，向人發出行動的呼籲。當聆聽者思考時，行動勢必躍然出現。

在馬太福音中，義與流血的關係密不可分。二十三章35至37節針對流義人之血的猶太宗教制度，發出定罪與審判。當時的人對於流無辜人之血的事情特別關切（例如二十七4～8）。馬太福音五章及二十三章，將先知、無辜之人，以及天國公民的命運相互比較，顯示可能發生的逼迫強度。在五章9節之後，我們看見當使人和睦的人愈努力促進和平時，逼迫愈顯強烈（五10）。這實在是一種極具諷刺性的邏輯。根據十章23節、二十三章34節，以及二十四章9節等經文，逼迫似乎是一個不可避免的事實。可見，在門徒的事工中，並非所有不妥協信仰的和平努力都會得到成功的結果。更反諷地是，有福的人首先飢渴慕義而後又為義受逼迫。明顯地，第八項祝福的「天國」主題呼應了五章3節的虛心。更確切地說，在所有義與天國的討論中，我們可以發現虛心與逼迫具有某種程度的關連，因為逼迫極有可能使人產生強烈的挫折感。如此說來，我們可以將逼迫視為導致虛心的重大因素。地上國度與天上國度的對照也極為重要，因為逼迫的產生來自充滿不義的世界。

如同前述，地上是一個對義與真理具有敵意的地方（例如二章，十一18，二十四章等），因此大使命的吩咐更顯重要（二十八18～20）。一個具有屬靈心智的人會飢渴慕義，但當他發現社會公義不彰時，他將會有靈裏缺乏的感覺。當人不但講論並且活出義的生命時，事奉地上不義國度的人勢必反對他。換言之，天國的提及暗示地上國度的反對；這也解釋了逼迫早已存在的原因。只要信徒在撒但掌控的地上權勢中過著義的生活（四8～9），逼迫將繼續存在。更重要的是，為義受逼迫的人將要獲得天國的賞賜。在耐心等候末世的真理實現時，有福的人必須以奮勇爭戰的態度持守耶穌在八福中所陳述的美德。

為義受逼迫的觀念極吸引人，因為它暗示基督徒為理想而活。它也暗示那些因自找苦吃而陷入逼迫的愚昧基督徒，並不是八福中的有福之人。這種自找的逼迫顯示為甚麼有些時候，旁人會對基督徒的行徑百思不解。他們可能認為自己為義受逼迫，但事實上，他們因自己的愚昧而受苦。可見，基督徒必須經常調適並檢驗自己對於義的觀念，是否符合神對於義的心意。如此基督徒所追求的義，才能合乎神的標準。在這個過程中，基督徒的理想與目標將愈來愈正確，但也因如此，基督徒將面臨為義受逼迫的困境。

在逼迫中，基督徒距離仿效基督的理想愈來愈近。這些為義受苦甚至死亡的人（五10～12），成為耶穌基督有效贖罪的見證。只要馬太的信仰羣體接受天國的救贖，天國的過程將在耶穌的代贖犧牲中繼續演進。依次地，信仰羣體也將遭遇與義者及無辜者相同的命運。這個命運就是為義受逼迫的命運（五10～11）。漢密爾頓（Catherine Sider Hamilton）在一篇論文中指出，無辜人的血為信仰羣體贖罪的主題，不單是馬太福音也是典外猶太文獻的重要神學題旨。[60]

五章11節為八福帶出最後與結論性的評論。[61] 這節經文將人稱代名詞轉為第二人稱，以暗示八福的結束。當代名詞變得個人化時，八福的應用也更顯個人化。八福並非與生命無關的事實陳述，其實，它所代表的就是生命。耶穌對於逼迫的明確討論是五章10節的延續。門徒在地上的生命，並非永遠輕鬆愉快。但大好消息是，神在八福中所賜下的應許永遠堅立。代名詞的人稱改變，亦表示八福的焦點轉移至一些真正的個人應用。當然，八福的個人應用並不僅限於逼迫的部分。事實上，所有的八福都同具個人性與應用性。

若沒有考慮八福對照法利賽人七禍的修辭角色，那麼八福的討論就不算完全。上述的討論已經注意到馬太福音二十三章對於八福的回響。擁有天國的人，享受快樂與祝福。反對天國的人，必遭咒詛與悲哀。由馬太福音的宏觀角度來看，耶穌在二十三章的討論極具破壞性。八福是第一個講論的起始部分，竟與最後一個講論的起始部分平行對照。講論在結構上的相同絕非意外之巧合。儘管假冒為善的人似乎在生活上佔了上風，但他們所得的應許盡是悲痛。相反地，虛心與悲慟的天國公民雖然毫無屬世的快樂，卻將蒙受神所賜的幸福。所以，究竟耶穌講論的真正目的何在？我們發現這兩個講論的前言，具有完全相反的內容，可見，耶穌基本上乃是透過末世的角度來觀察一切事物。[62] 因為惟獨透視未來以觀看現在，信徒才能滿懷盼望。

省思與應用

當我們仔細研讀八福與緊鄰上下文的關係時，我們就可以知道如何精準地應用八福與其餘登山寶訓的教導。我們可以確定地是八福與稱義無關。更確切地說，登山寶訓應當是羣眾對於耶穌醫治與恩典事工的回應。換言之，整段講論的目的在於表達因著耶穌之恩典而相信耶穌的人，所應表現的正確與自然回應。這種回應並非守律法的約定；而是自願與喜樂的回應。

根據出現在這個講論中的許多關係用語，我們可以確定神要我們注重關係的心意。有趣的是，許多已經採納西方個人主義的基督徒，以為他們可以絲毫不理會信徒之間的團契而過離羣索居的敬虔生活。由八福我們清楚看見，信徒不單要活出個人的敬虔生活，其實真正的祝福與敬虔乃是出自關係的經緯。我們是關係的創造物，必須依照天國對於關係的自然設計而生活。除了關係層面不容忽略之外，還有一個相關的觀念與基督徒的生活緊密連結。許多基督徒相信物質的祝福或是安舒的生活，是神賜福的最佳明證。因此他們僅在生活平順時，才能享受滿足與喜樂。當人生一帆風順時，他們看見神的手引導他們的生命並且歡呼讚美神。然而，這種信仰觀與聖經的教導完全不合。的確，神毫無疑問地可以經由物質的管道來祝福祂的兒女（例如大衛、所羅門），但神同樣可以幫助基督徒在逆境中看見神的祝福，並且經歷無窮盡的喜樂。事實上，八福的結尾（五11～12）煞費苦心地提醒我們，逆境似乎是常規而非例外。真實的祝福及喜樂，與生命的境遇無關。惟獨與神及與人的正確關係，才是真實祝福的來源。基督徒之所以能夠與他人有正確的關係，乃是因為他們具有以神為導向的價值觀。這種以神為導向的價值觀，要求基督徒具有極大的信心。八福以神主動的修辭風格，顯示神是主動的賜福者，而基督徒則是承認並順服神主權的接受者。所以，八福也是有關信心的陳述，在其中我們看見基督徒對於這位應許永不改變之神的信靠。

神要我們以祂的方式而非「世界」的價值，來觀看一切事物。其實，許多世界看為羞恥的，卻被耶穌看為上好的。神尊榮那些因為跟隨神的道路而被世界羞辱的人。神學家常使用「神與文化相符」或「神與文化相對」的模式觀察經文。以八福為例，耶穌清楚地顯示神完全反文化的一面。耶穌的陳述宣告了一場價值觀的戰爭。所有的矛盾之處同時指向一個信息：神的道路並非人的道路。既然較前的討論已經談及耶穌基督的王權表現，因此我們可以經由耶穌的道路推知神的道路。然而，基督徒很容易憑藉自己的想像，創造他們所相信的神。有時，我們經過神學的經緯而了解的神，竟然與聖經中的神極端不同。在過去的年代，一些基要派基督徒雖然對聖經的某些部分有相當正確的了解，但卻忽略聖經對於社會公義的教導。這些基督徒只會指責政治體制在實行和平與公義方面的失敗，卻未盡上一己的社會責任。他們顯然沒有為神所憂傷的事而哀慟。另一種極端則是一些自由派基督徒。他們雖然非常關切神對社會公義的重視，卻未以十字架為信仰中心甚或忽略基督的獨特性。這些基督徒對於神及神的世界缺乏正確的思考。這兩種極端的信徒都將錯失神的祝福，因為神的祝福來自一種獨特的世界觀，這種世界觀抑制人類所有的天性與價值。有許多人宣稱基督教代表某種看法。比起代表某種看法更為重要的是，基督教必須代表正確的看法。

根據這段討論，天與地之間顯然融合貫通。這項觀察十分令人訝異。當五章3節應許天國時，五章5節應許地土。天國公民必須隨時意識到天上的價值已經完全融合在地上的處境中。耶穌的教導不要我們生活在高不可及的象牙塔，它預備我們在身處的社會環境中接受挑戰。然而，價值的衝突勢必難免。我們生存的目的並不在於避免這類衝突，而是要在衝突的試驗中讓神得到榮耀。那麼，到底甚麼是與耶穌的價值相反的人類天性？我們只需看看耶穌時代的希羅倫理規範即可得知。當時，強權當道、驕傲到處充斥，而為個人利益著想更是生活的常態。無論是好或是壞，羅馬的和平局面明顯是軍事武力強制執行的結果。然而，基督徒並不藉暴力，乃是為社會帶出與眾不同的貢獻而承受地土。最近發生在美國新奧爾良城市的卡崔娜（Katrina）颶風災難，就是一個非常貼切的例證。有些神職人員一昧地批評政府的政策，而政府也急於為自己辯護。雙方各持不同立場並且激烈辯論，明顯流露十足的政治動機。在這種無益爭論的同時，有許多人喪失生命或變得更為窮困。可幸地，有一些教會選擇以行動代替高言。休士頓有一間兩百人的小教會，在一個購物中心設立非常清潔的救難中心，並附許多衛生設備。他們的成果使得政府以及其他救難機構，開始將其視為學習的典範。這些基督徒名符其實地承受地土。他們可能不像高談闊論的人一樣得到媒體曝光，但他們卻為神的榮耀作了踏實的工作。他們以行動代替說話。因此，八福教導我們不斷地在個人（即自己的敬虔）以及整體（即教會的方向）方面，評估自己的價值觀，並且確定自己的價值觀與神的價值觀相符一致。

八福告訴我們，當基督徒以神的道路為自己的生命優先時，基督徒可能需要放棄安適的生活。八福的極大部分論及個人在獲得神的祝福與喜樂時，必須犧牲個人的安適。這些教導與一些專重繁榮興盛的成功福音完全相反。由這種虛假幸福而來的感覺，貶低了門徒身分的嚴肅性。八福中諸如虛心與哀慟的感情，並非僅是表面的興奮而已。更明白地說，八福處處充滿並解釋犧牲的信息。人的天性總是被現狀與安適所吸引。然而，神所談論地卻完全相反，因為在天國裏犧牲是一種常規。個人的犧牲成為信徒對於真正屬神與永恆之事的投資。八福要求我們全然委身。我們也需要完全信靠神，才能脫離我們天然的傾向與愛好。當邪惡好像得勝時，我們仍然必須盡上自己的責任。

當我們進入以神為優先與受苦的議題時，我們不可避免地牽涉了耶穌主權的討論。耶穌以自己是天國君王的權威宣稱開始祂的教導。因此，基督徒面臨各種不同的忠誠要求。因為耶穌的價值觀與世界相互衝突，基督徒遲早都會遭遇選擇忠誠對象的問題。當忠誠的對象彼此衝突時，基督徒必須選擇耶穌。沒有任何事物，可以阻止我們向耶穌基督宣誓完全的委身。

另外，聖徒受苦的贖罪層面也常為基督徒所忽略。一般來說，有關贖罪的討論，經常止於舊約的祭祀禮儀或耶穌的贖罪事工。然而，在馬太福音的神學中，聖徒受苦的意義卻更為豐富。因耶穌與先知成為受苦的主要榜樣，我們有時太快地就去除教會受苦所產生的功效（參西一24）。教會在地上的部分事工就是受苦。當我們討論受苦時，我們的焦點時常停留在受苦是墮落人性的部分結果，而毫不考慮受苦的正面影響。耶穌的受苦具有絕對性的贖罪功效。然而，早在兩約之間的時期（例如馬加比時代），受苦已經跨越其負面性而成為正面性的事奉。我們時常輕易地淘汰猶太人的看法，認為他們的觀點不但過時並且古怪，但耶穌的生命卻展現受苦的正面性。這種正面看法，至今仍然在教會中傳衍不息。當義人為天國的緣故受苦時，有些人會因這些天國公民的見證而得以進入天國（參腓一13）。馬太已經堅定顯示教會在基督的受苦上有分。如此說來，為義受逼迫反諷地成為神帶領不信之人進入天國的一種方式。因此，教會的受苦具有功效。基督贖罪的有效犧牲，現在傳遞給在地上代表基督的教會。基督的犧牲在教會重現，不僅是無法否認的現實也是教會必須擔負的責任。在基督與祂的教會中，福音的信息總是不變：沒有十字架，不但沒有拯救，更沒有榮耀。

除了我們自己可能受逼迫之外，我們不可忘記有許多人也為義受苦。忽略他們的受苦，正是沒有飢渴慕義的表現。如果我們不為受逼迫的教會憂傷，那麼，我們難逃對於義的議題已經自滿的罪咎。逼迫的事實激勵我們為受苦中的教會挺身而立，並且表示對他們的支持。身為基督徒，我們應該致力於公平與正義的爭取，以解救在逼迫中的基督徒同伴們。

問題思考

- 五章3至12節如何成為你活出基督徒生命的倫理基礎？試討論每一節經文，如何成為倫理生活的根基。
- 在基督徒價值觀與世界價值觀的對照上，八福的陳述為我們帶出哪些暗示？
- 由宗教改革而來的前理解（preunderstanding），如何曲解我們對於登山寶訓之「義的行動」的了解？
- 我們所宣稱的福音如何協調義的行動與因信稱義的教義？
- 八福如何教導教會關注社會邊緣人士的事工？
- 耶穌預期天國公民可能貧窮或受逼迫的價值觀，與今日富裕國家的教會在這方面所持有的觀點有何不同？
- 雖然在現今時代，物質財富與屬靈光景之間的相關性未必十分直接，但今日基督徒應當如何應用馬太對於兩者之看法來建立自己的世界觀？
- 在這個積極又貪婪的世界中，基督徒當如何協調並處境化「活出溫柔生命」的教導？
- 憐恤人的如何在承受地土中展現溫柔的心？

註 釋：

1 相似看法，參 Dale C. Jr. Allison, *Studies in Matthew* (Grand Rapids: Baker, 2005), pp.174～177，發現在死海古卷中，亦有類似登山寶訓的箴言祝福。

2 參 4Q525。

3 因著登山寶訓與智慧文學的相似，Ben Witherington, *Jesus the Sage* (Minneapolis: Fortress, 1994), pp.336, 343 建議馬太的聆聽者，處在一個學校的環境中。他對於教導及講道的區分極為勉強。如果真是以教導為目的，為何不直接使用會堂，而要另設一個學校的背景？馬太使用兩個不同的字表達教導與講道。但經文的內容，讓我們看見這兩個字所涵具的意義常有重疊之處。或許，對於馬太而言，這兩個字是同義字。

4 Cheung, *The Genre, Composition and Hermeneutics of the Epistle of James,* pp.32～33. 先前，Alan P. Winton, *The Proverbs of Jesus: Issues of History and Rhetoric* (JSNTSup, 35; Sheffield: Sheffield Academic Press, 1990) 已經指出，耶穌講論的箴言特性，但他的觀察大部分根據形式鑑別學的架構。因此，他將福音書中（包含登山寶訓）的許多講論，挑選出來並分為不同的短句箴言。然而，我認為最好的解讀方式還是將整個登山寶訓視為一種智慧教導。

5 Cheung, *The Genre, Composition and Hermeneutics of the Epistle of James*, p.24.

6 Carol A. Newsome, "The Sage in the Literature of Qumran," in *The Sage in Israel*, p.375. 有關「公義教師」這種人物的存在時期，參 Michael O. Wise, "Dating the Teacher of Righteousness and the Floruit of His Movement," in *JBL* 122 (2003), pp.23～52. 雖然懷斯（M. O. Wise）對於「公義教師」存在時期的看法並不被所有學者普遍接受，但「教師」已經成為耶穌所帶來之智慧運動的對照先驅。我認為馬利納（B. J. Malina）將耶穌視為權力代理人與神為贊助人或守護神的詮釋模型，對於經文理解無甚幫助。參 Bruce J. Malina, *The Social World of Jesus and the Gospels* (London: Routledge, 1996), pp.149及下。這種社會模式，隱含神與祂的子民之間一種互換利益的關係。然而，神絕對超越僅是人的守護神之形像。八福並不是贊助人或守護神為其跟隨者所設立的一套規則。這些箴言偏重人的「所是」，過於人的「所行」。八福為所有天國公民的身分帶出簡單的事實陳述。

7 Lloyd-Jones, *Studies in the Sermon on the Mount* (vol. 1), p.42.

8 值得注意的是，五章2節所用的希臘文字彙與典外的猶太文獻《便西拉智訓》（Sirach 51.52）平行相似。儘管我們以基督徒的身分，並不相信《便西拉智訓》是神的啟示，然而，這種相似的字彙表示耶穌是智慧教師。

9 有關這方面的討論，參 Darrell Bock, *Jesus According to Scripture: Restoring the Portrait from the Gospels* (Grands Rapids: Baker, 2002), p.127。

10 如欲更透徹了解「有福的」的意義，參 Allison, *Studies in Matthew,* pp.431～442。

11 David A. deSilva, *Honor, Patronage, Kinship & Purity: Unlocking New Testament Culture* (Downers Grove, IL: InterVarsity Press, 2000), p.67. Margaret Lee, "A Method for Sound Analysis in Hellenistic Greek: The Sermon on the Mount as a Test Case," Unpublished Th.D. Dissertation Melbourne Divinity School 2005 也指出，八福的系列具有押頭韻的效果，將整個登山寶訓單元連結在一起。這種押頭韻的效果尤其可以制約人的耳朵，對於講論模式與信息的接收極有幫助。

12 Stott, *Message*, p.31.

13 deSilva, *Honor, Patronage, Kinship & Purity*, p.67.

14 相同看法，參 Betz, *Sermon on the Mount*, p.146 亦認為，五章10節總結了八福；另參 Allison, *Studies in Matthew* (vol.1), p.176。

15 希臘文使用兩個字來形容「貧窮」。其中一字描述一個相當貧窮的人。另一字則用來描述一個極度缺乏的人。後面這個字，就是馬太在八福中所使用的字。

16 到底「在靈裏」貧窮具有甚麼意義，是一個眾所公認的關鍵議題。這句陳述與路加福音六章20節b不同，因為路加福音並沒有使用「在靈裏」，來修飾「貧窮」一字。有關這方面的討論多有不同的解釋。如同貝茨等學者（Betz, *Sermon on the Mount*, pp.109～110），將馬太福音的登山寶訓與路加福音的平原寶訓分開討論。他認為耶穌很有可能傳講相同的信息多次，而路加與馬太正好都有機會參與在不同的聚會中。其他的學者認為，馬太或路加將同一個講章加以減少、增加或修改，才納入各自撰寫的福音書中。最有可能的是，耶穌傳講登山寶訓的信息不只一次。Betz, *Sermon on the Mount*, p.112 相信，路加將「在靈裏」刪減以免不必要的重複。如此說來，當時的聆聽者應該已經知道「貧窮」與屬靈的生命有關。

17 希臘文的「天國」以複數的形態出現，反映出閃語對於多層天堂的看法。這種世界觀在新約聖經的其他部分亦極為明顯（例如林後十二2）。

18 Leon Morris, *The Gospel According to Matthew* (Grand Rapids: Eerdmans, 1992), p.95 認為，那些虛心的人，自知無一物可以獻給神。他的觀察極為可信，因為後文提及獻禮物的討論（五23～24）。我們也可以將這種看法擴大而推論，虛心的人不論在屬靈上、身體上或財務上都無一物可以獻給神。

19 希臘文以及一些譯本（例如英文《新國際譯本》〔NIV〕），將三章2節與四章17節原本地逐字譯出。

20 Lloyd-Jones, *Studies in the Sermon on the Mount* (vol. 1), p.44.

21 相似看法，參 Thomas C. Oden (ed.), *Ancient Christian Commentary on Scripture: Matthew 1-13* (Downers Grove: IVP, 2001), p.81 指出，克勞馬修斯（Chromatius）對於此節經文的早期詮釋，極有可能將其應用於服事教會的人都應該自願過貧窮生活的極端。然而，這節經文所指的服事與第一世紀對於信徒的逼迫較有關連。克勞馬修斯是第四世紀頗具影響力的主教，安波羅修（Ambrose）以及耶柔米（Jerome）皆是與他同期的著名教父。我認為大部分釋經書對於物質與屬靈貧窮的二分法，有時未免太過勉強。

22 相似看法，參馬有藻：《天國近了——馬太福音詮釋》，頁65。

23 Talbert, *Reading*, p.51, 引用 1 QM 14.7 與 4 Q427 7i～ii，作為支持屬靈貧窮的證據。

24 相反看法，參 Oden (ed.), *Ancient Christian Commentary on Scripture*, p.82，他記錄了屈梭多模（Chrysostom）的教導。Strecker, *The Sermon on the Mount*, pp.34～35 由雅各書四章9節得到暗示，亦認為哀慟是指為自己悲哀。

25 Lloyd-Jones, *Studies in the Sermon on the Mount* (vol. 1), pp.53～54 認為，這是一種屬靈的哀慟，但僅是不屬世界或不屬物質層面，未必就表示它屬於屬靈的範圍。它有可能同具社會與屬靈的層面，共同指出個人的不完全以及世界與天國為敵的狀況（例如五10～12）。

26 Lloyd-Jones, *Studies in the Sermon on the Mount* (vol. 1), pp.56～59 認為，在聖經中找不到耶穌曾經笑過的記錄，因此，暗示信徒也要像耶穌一樣，時時保持嚴肅的心情。即便基督沒有笑，「有福的」或「快樂的」一字的重複出現，也應該可以免除這類不必要的仿效。雖然信徒理當適當地仿照救世主，但這節的經文的上下文毫無仿效基督的強調。

27 有關「世界」一字在馬太福音中的正負兩面用法，參 Bo Reicke, "Positive and Negative Aspects of the World in the New Testament," in *WTJ* 49 (1987), p.359。

28 有關早期基督徒家庭受信仰影響的探討，參 J. M. G. Barclay, "The Family as the Bearer of Religion in Judaism and Early Christianity," in Halvor Moxnes (ed.), *Constructing Early Christian Families* (London: Routledge, 1997), pp.68～78。在屬靈意味上，耶穌基督所建立的新家庭已經深根於耶穌基督的教導。Charles H. Talbert, *Reading the Sermon on the Mount* (Grand Rapids: Baker, 2004), p.52 亦認為，第一世紀信徒對於地土的了解，具有某種層面的末世意義。他引用 2 Enoch 50.2 以及 4 QpPs37，作為此種看法的支持。

29 例如：Lloyd-Jones, *Studies in the Sermon on the Mount* (vol.1), p.70。

30 斯托得這項研究的原本副題是“Christian Counter-Culture”（基督徒抗衡文化）。有助益的討論，也可參 Betz, *Sermon on the Mount*，他連貫性地討論希羅文化以及猶太哲學與耶穌教導的懸殊差別。他的觀察可以幫助我們解讀登山寶訓，但這不在本書的討論範圍之內。這種討論比較屬於修辭評鑑的範疇，並帶有意識形態的傾向。問題在於馬太或他的讀者，是否都熟知貝茨所提出的所有選擇。或許他們的確知道這些看法，但我們必須針對這個社會－歷史議題作更深入的研究。

31 十二章7節清楚指出，憐恤與死板堅守安息日完全相反。因此，何西阿書六章6節的經文出現於馬太福音九章與十二章中。在馬太福音，這節經文成為耶穌傳遞倫理教導的主題經文。

32 Morris, *The Gospel According to Matthew*, p.98.

33 另參 Keener, *A Commentary on the Gospel of Matthew*, p.168，他經由其他猶太教的文獻來源，帶出溫柔與謙卑之間的關連。

34 Strecker, *The Sermon on the Mount*, p.37 指出，在希臘文中與義有關的冠詞，但他以「完整的義」來理解此節經文。這種看法十分抽象。我較偏向認為冠詞帶出登山寶訓所特指的義。倘若義的範圍太廣，將使人含糊不明。相近看法，參 Allison, *Studies in Matthew*, p.152 認為，「義」一字具有形容倫理規範的功用。而「規範」的意義，則因上下文而異。對於彼拉多的太太而言，「規範」就是不觸犯羅馬的法律（二十七19）。而耶穌則持大不相同的看法。

35 在希臘文中，置於「義」之前的冠詞，具體明確地指出耶穌所論及的義。祂並不泛指一般的義，而是某一種能夠滿足耶穌與神的義。

36 「天堂」一字具複數形態，反映古代認為天堂具有幾種層次的世界觀。複數形態也有可能代表舊約聖經對於天堂的觀念。舊約聖經認為天堂是神的居所，具有極其廣大的範圍。

37 Strecker, *The Sermon on the Mount*, p.38 指出，五章7節的「神的主動」，似乎是貫穿整個八福的修辭風格。也就是說，神在信徒的生命中採取主動的角色。

38 「施捨」的字根源自「憐恤」一字。我們也可以將「施捨」譯為憐恤的禮物。

39 更進一步的闡述，參 Alan Storkey, *Jesus and Politics: Confronting the Powers* (Grand Rapids: Baker, 2005), pp.47～48。

40 有許多「救贖乃是白白恩典」的辯論經常出現。但這種辯論顯然較趨向宗教改革的關切，而非登山寶訓的重點。若以現代的基督徒用語來看，耶穌在這裏所描述的天國公民就是所謂「已經得救的」信徒。

41 Stott, *Sermon on the Mount,* p.48.

42 馬有藻：《天國近了——馬太福音詮釋》，頁64，引用麥克阿瑟（J. F. McArthur），將地位上的潔淨（positional purity）、分別為聖的潔淨（santification purity），以及終極的潔淨（ultimate purity）區分出來。我們倒不如用猶太教以及舊約聖經的背景來看潔淨的觀念。麥克阿瑟所創意的不同範圍，充其量不過是人為的勉強區分罷了。有關食物上的潔淨，參 Wina Born, *Culinaire Bijbel: Eten en drinken in de Bijbel* (Kampan: Kok, 1999)。*Semeia* 86 也將整期的篇幅焦點在儀式與飲食方面的討論。另參 deSilva, *Honor, Patronage, Kingship and Purity*, pp.280及下，注意到耶穌與早期教會為天國公民繪製了「潔淨的指南」（purity map）。

43 此節經文的右眼具單數形態，具有象徵性的意味。右眼的象徵顯示左眼也有可能犯同樣的罪。可參詮釋部分的說明。有關見神的詮釋歷史，參 Allison, *Studies in Matthew*, pp.45～60。

44 J. R. Miller, *Devotional Hours with the Bible* (Chatanooga: AMG, 1997), p.24.

45 相似看法，參 N. T. Wright, *Jesus and the Victory of God* (Minneapolis: Fortress, 1996), p.649。由十二章18至21節對於以賽亞書四十二章1至4節的引用，我們可以肯定這種詮釋的正確性。以賽亞書四十二章1至4節原指以色列人而言，但在馬太的筆下，以色列人的特權現在已經落在耶穌的肩頭上。

46 William Barclay, *The Gospel According to Matthew: Daily Study Bible* (Philadelphia: Westminster, 1975), p.110.

47 Oden (ed.), *Ancient Christian Commentary on Scripture*, p.88 記錄了屈梭多模對於「使人和睦」的類似理解。屈梭多模認為，使人和睦僅是一種關係上的用語，具有「將爭吵的人，聚在一起」的意義。這似乎是非常直截了當的觀察。

48 有關基督教這個獨特層面的研究，可參我的文章：〈外邦人說亞蘭文？——「阿爸」隱喻與基督徒的屬靈經驗〉，載《中國神學研究院期刊》42 (2007)，頁113～133。

49 相同看法，參 Blomberg, *Matthew*, p.98。

50 G. Campbell Morgan, *The Gospel According to Matthew* (Grand Rapids: Revell, 1922), p.45.

51 Betz, *Sermon on the Mount*, p.139, n.373 正確地指出，和平這個觀念具有希伯來語「平安」（shalom）的涵義，強調關係上的和諧而非個人內心的感覺。

52 馬有藻：《天國的福音》（Petaluma：中信出版社，1996)，頁84 認為，神的兒女是那些與神和平且不再為仇的人，因此使他僅焦注在垂直的關係上。毫無疑問地，垂直的關係非常重要。然而，經文並未說：「那些與神和睦的人，有福了，因為他們必稱為神的兒子。」相反地，經文論及「使人和睦的人」與人和睦，因此使得他們在使人和睦的屬性上與神相似。

53 Daniel J. Harrington, S.J., "Matthew's Gospel: Pastoral Problems and Possibilities," in David Aune (ed.), *The Gospel of Matthew in Current Study* (Grand Rapids: Eerdmans, 2001), p.72.

54 Lloyd-Jones, *Studies in the Sermon on the Mount* (vol. 1), p.117 論及猶太人盼望一位作戰的彌賽亞來臨，他的看法可能錯解了五章9節的意義。因為這節經文與門徒使人和睦有關，而與彌賽亞帶來和平無關。鍾馬田的觀察，顯然來自門徒的事工代表彌賽亞地上事工的理念。然而，經文在此階段對於彌賽亞事工的蘊涵一點也不清楚。當時沒有戰爭的「羅馬的和平」(*Pax Romana*)，可能是理解和平觀念的較佳角度。有關羅馬的和平之討論，參 Betz, *Sermon on the Mount*, p.139。

55 H. Beck, C. Brown, "Peace," *NIDNTT* CD-Rom.

56 *Hist*. 1.2. LCL.

57 有關背景的討論，參 Eberhard Faust, *Pax Christi et Pax Caesaris* (NTOA, 24; Göttingen: Vanderhoeck & Ruprech, 1993), pp.325～430。許多衝突的記錄，可見於約瑟夫及其他非猶太人作家的作品中。

58 Stott, *Message*, p.64.

59 Storkey, *Jesus and Politics*, p.125.

60 Catherine S. Hamilton, "The Theme of Innocent Blood in Matthew," in Society of Biblical Literature Conference, Philadelphia, 2005. 她所提供的資料來源極有助益：死海古卷（11Q19; CD2.8）；《禧年書》（Jubilees）（4.3～5; 6.10～14; 11.4～6; 21.18～20）；《以諾一書》（1 Enoch）47.1～2；《神諭》（Sybilline Oracles）3.310～314；《巴錄二書》（2 Baruch）64.2,6；約瑟夫（Josephus）的著作（*AJ* 11.7.1; *JW* 5.319f）；以及舊約聖經（創四10，三十七22，四十二22；利十七4；民二十五33；申十九10及下，二十一1--9，二十七25；撒上十九5；撒下一；王上二5）。

61 Margaret Lee, "Unpublished Dissertation," Melborne Divinity School 也極有助益地指出五章11至12節的轉折性功能，因為它重複了前文八福的一些相同用字。

62 我的神學理解並不同意庫布林克（H. J. Bernard Combrink）的看法。H. J. Bernard Combrink, "Some on the Hypocritical Leaders in the Church," David B. Gowler et al (eds.), *Fabrics of Discourse* (FS Vernon K. Robbins; Harrisburg: Trinity, 2003), pp.1～35 認為，這些禍是針對教會領袖的道德所發出的警告。這些有禍的警告可能具有道德行為的副作用，但更重要的是，馬太福音講論的內在結構，顯示由現在到未來國度的末世計劃。

第三章

天國的展現（五13～48）

天國的身分（五13～16）

1. 引言

耶穌首先以一系列的箴言，為天國的倫理立下根基。在根基立穩之後，祂開始討論天國所重視的一些優先事項。從倫理的角度來看，這段經文成為耶穌期盼跟隨者有所行動的前言。耶穌跟隨者在明白自己的身分之後，必須有明確的行動。在耶穌嚴肅地討論優先的議題之前，耶穌首先談及天國公民的身分。我們必須特別注意這段經文所討論的對象，是整體而非個別基督徒。[1] 耶穌說「你們」是世上的鹽與光，顯然指複數的基督徒而言。鹽與光的暗喻是單數，但耶穌說話的對象卻是複數。可見，耶穌所針對的是整體的身分。[2] 整體的身分成為登山寶訓個人應用的根基。讀者絕對不可忽略這個層面的考慮。當然，我們也不可忽視個人在整體身分中的重要性。但耶穌所要帶出的真正議題是：當神的子民成為一個整體時，他們具有許多功能。如此說來，耶穌為「為甚麼基督徒必須聚集在一起？」的問題，提供了最適切的答案。更重要的是，耶穌以極為特殊的方式，延伸並定義鹽與光的暗喻。這些暗喻的具體定義，應該能夠防止讀者以寓言的方式詮釋暗喻的意義。可見，欲了解這些暗喻的讀者，必須特別謹慎。讀者應當將耶穌所定義的前提，作為了解經文的依據。千萬不可超越範圍而隨意採用寓意式的解經法。

2. 詮釋

五章13至16節與出現在前文的八福，具有明確的關連。在這個經文段落中，耶穌勸勉祂的跟隨者一起成為世上的鹽。五章5節論及溫柔的人必承受地土。而五章13節則為五章5節所帶出的問題：「溫柔的人，如何承受地土呢？」提供了答案。成為世上的鹽一定是指溫柔的人已經開始承受地土，或「像鹽一樣」是承受地土的方式。下文的討論，將讓我們明白「像鹽一樣」的真義，以容讓天國公民「現在」就得享承受地土的祝福。

耶穌在這幾節經文中使用三種暗喻：鹽、光和城市。經文結構對於「你們」的強調（五13～14），清楚顯示身為天國公民的獨特性。換言之，暗喻意義的主要目的不僅在於描述，還含帶區別的功能。當耶穌向祂的聆聽者（即天國公民）說話時，祂將他們視為一個與世人極為不同的羣體。這個羣體所表現的獨特性，成為真正的議題。讀者因此必須思考，到底基督徒羣體與世人有何不同的問題。我們在馬太福音中，已經注意到末世倫理對於天國公民的重要性。基於馬太福音的上下文，基督徒羣體與世人的區別不僅在於道德層面的表現，更在於神藉著這個羣體所施行的特殊工作。當基督徒要成為世上的鹽時，他們必須一起承認他們需要區分不同財寶的優先權（六19）。[3] 雖然基督徒必須成為世上的鹽以影響世界，但他們卻不可承受世界的價值觀，因為世界的價值只會叫人積存容易銹壞的財寶。棄絕世界價值觀以影響世界的作法，極具反諷性。然而，就是因為他們棄絕屬世的價值，所以他們能夠承受地土。與世界融合為一，絕對不是承受地土的方式。與世界妥協更不是影響世界的有效管道。鹽不但突出並且與眾不同。

耶穌也提出第二種暗喻，並且將其視為基督徒的正常表現。以此類推，我們可以斷定，耶穌對於第三種暗喻也有相同的看法。耶穌並沒有說：「你們將要變成世上的鹽。」祂乃是說：「你們是世上的鹽。」我們不可將這些教導倫理身分與規範的經文，視為耶穌的應許。這些經文以天國公民的身分，而非天國公民的表現，作為討論的開始。儘管天國公民可以在行善方面更加進步，但努力行善並不是天國公民的主要目標。天國公民應該學習認識自己的身分，以明白為甚麼需要行善，以及自己所具有的行善能力。更確切地說，根據八福對於逼迫的負面觀察，耶穌也顯示天國公民這個羣體不見得只能被動地接受壓迫，他們同樣可以對世界造成正面的衝擊。

在這段經文的上下文中，耶穌藉著三種描述揭示天國公民與眾不同的身分，與此種身分所代表的意義。因此，祂首先討論三種暗喻，最後再以五章16節的總結明確帶出這個羣體獨一無二的特性。

耶穌的第一個暗喻是鹽（五13）。在一開始，我們就可以消除幾種對於鹽的可能解釋。[4] 當然，此處的鹽並不具有使人吃了以後就會渴的意義，儘管五章6節可能具有渴的暗示。[5] 但當我們認為這兩個暗喻僅帶出一個意義時，鹽與光成為平行的對照。鹽具有隱藏的涵義，而光則具有顯明的意味。鹽為何是隱藏的呢？所謂的隱藏，當然不是指它的外表而言，因為鹽在鹽罐中明顯易見。然而，鹽罐中所見的鹽不見得具有鹽的功能。鹽是否具有功能並不單憑眼見，乃要經過對於食物的親嘗品味。當鹽失去調味或防腐的功能時，任何品嘗食物的人都會立即感覺出來，並且將整個鹽罐丟棄。事實上，鹽一定是經過一些化學變質，才會失去味道。[6] 既然馬太並沒有在馬太福音全書中討論化學的變質，那麼，我們可以總結馬太乃是使用極不可能發生的例證，來支持教會不可能完全失去味道的論點。[7] 可見，鹽並不靠其外表而是在與人發生接觸時，才顯出它的味道。[8] 儘管鹽失去味道的暗喻不太可能發生在真實生活中，教會卻有可能作出令人不可思議的事情。馬太使用暗喻的模糊意味，一方面為暗喻增添戲劇性的效果，另一方面為應當發生與實際發生的事情，帶出強烈的對照。教會無法滲透世界，正如鹽失去味道一樣令人不敢相信！事實上，在希臘文中，「失去鹹味」亦含有「變得愚昧」的意義。在這個涵義之下，鹽的暗喻為耶穌所倡導的價值，描繪一幅生動的圖畫。原來，毫無果效的天國公民是愚昧的人。顯然，頭腦的知識並不是衡量愚昧與否的標準，惟獨對世界產生功效與助益的天國行動，才能展現天國公民的智慧。鹽的暗喻所具有的明確意義，與人際關係緊密相關。因為惟有藉著人際關係的接觸，人才能經歷並看見鹽的用處。鹽要發揮功用，必須涉及個人的接觸。

在討論鹽的接觸之後，我們也必須觀察耶穌用來形容鹽失味的字彙（五13）。如同前述，失味的用語事實上含有「使成為愚昧」的意味。這個涵義顯示鹽不應該變成的樣式。如同鹽一樣，那些與天國公民接觸的人可能認為天國公民是一羣愚昧的人。當天國公民像一羣愚昧的人時，他們將如同失去用處的鹽一樣遭人輕視。然而，這種負面的情況不應該是基督徒的正常表現。耶穌所使用的希臘文含有條件子句，意指這種情況是例外而非常規。[9] 實際地說，單單根據希臘文的文法，我們就可以安全地推論，耶穌並不認為這羣天國公民會落入如此退後的屬靈光景中。愚昧並不是正常基督徒的特徵。那麼，耶穌所論及的愚昧，又代表甚麼意義呢？保羅不是曾經論及十字架的愚拙嗎（林前一23）？下一個暗喻，更進一步為愚昧帶出具體的定義。因此，下文將為我們闡述這種愚昧所具有的本質。

第二個光的暗喻，將更進一步說明耶穌講論的意義。雖然猶太人有時將他們的傑出領袖視為「光」，但耶穌在此卻將這個具有殊榮的身分，賜給整體的天國公民（參 Sirach 50.1～7）。因為耶穌對於光的講論超過鹽所具的篇幅，因此，光的討論將為描述鹽的經文，提出更清楚的解釋。這是馬太使用的修辭策略，他由較不清楚的暗喻（即鹽的暗喻），辯證至清楚顯明的暗喻（即光的暗喻），如此地，光的暗喻顯明了鹽的功能。[10] 光的暗喻針對基督徒明顯的身分提出討論。巴克萊以一句常用的箴言，完美地形容光的暗喻：「世上沒有所謂的祕密門徒，因為祕密已經毀滅門徒身分的意義；或門徒的身分，根本不容祕密的存在。」[11] 接著，耶穌微妙地改變暗喻的討論方向，將光視為叫人看見的好行為（五16）。[12] 這是一個值得我們思考的關鍵點。到底基督徒的好行為是光，或基督徒本身就是光？其實，這兩者都是答案的一部分。因為，基督徒與基督徒的好行為都是光。

六章22至23節的經文，與光有不尋常的連結，它論及信徒具有正確的個人屬靈眼光。[13] 六章23節斷言如果眼睛昏花，那麼全身就黑暗了。再次地，我們可以將五章13至14節，與第六章這段經文連結在一起觀察，因為它們都含有世界與光的相同字彙。換言之，如果一個基督徒的眼光不正確，他在天國公民的羣體中，就無法發揮光的功能。而根據五章14至16節，天國公民的羣體應當是世界的光。既然奉神的名而行的好行為是成為光的必要條件，那麼，個人的錯誤追求將使他無分於天國公民集體的好行為。更具體地說，當一個人只注意積存地上財寶時，他無法專心致力於榮耀天父的天國事工。這種黑暗的確太大了！討論至此，我們可以看見耶穌講論的豐富涵義，並不被單一的暗喻所限制。祂極彈性地使用每一個暗喻帶出重要的信息。這個重要的信息就是，在本質上好行為是基督徒的定義。而這個定義彰顯基督徒的中心定義。因此，教會與她的好行為是一體之兩面。如此說來，教會的好行為絕對不可被隱藏。

耶穌所謂的好行為，是那些能夠叫人將榮耀歸給天父，並且可能引領外人進入天國的行為。[14] 劣質的工作並不是好行為。雖然好行為首先指向基督與基督徒，但這些好行為終將指向神。出現在第十章宣教講論的好行為，誠然與五章13至16節的好行為有關。這一羣門徒聚在一起所行的善事（十7～8），正是耶穌地上事工的寫照（九35）。耶穌的所行由醫病、趕鬼、減輕宗教傳統的束縛、到將人帶到天父面前，都是「好行為」的典型。可見，門徒好行為的定義，涵具集體及具有基督形像的兩個層面。好行為的根本定義不應該僅觸及道德層面，還必須指向神的主動權。一些好行為的例子，可見於六章1節及以下的經文，但耶穌將這些好行為稱為義的行動（即善事）。五章16節的「好」一字，在新約中特指高貴及道德的行為（例如可十四6；約十32及下等）。那麼，為甚麼耶穌需要使用兩種不同的方式來稱呼好行為呢？極有可能，五章13至16節針對一般的好行為而言，而六章1節及以下的經文則針對特定的義行而言。這兩類行為都具有道德涵義。所以當耶穌論及好行為時，祂已經假設慷慨的施捨、虔誠的禱告，以及禁食等，都是好行為的一部分。

現在，讓我們重新思考耶穌使用鹽的暗喻，教導我們不要愚味的真義何在？到底光與鹽的暗喻，同時為聆聽者帶出甚麼信息呢？首先，對於世界沒有正面影響的基督徒，是一羣愚昧的人。觀看耶穌的一生，祂讓我們看見如何以神的智慧嘉惠於這個世界。基督徒可以從耶穌身上學習許多寶貴的功課。第二，基督徒必須與世界有所接觸，才能影響世界。耶穌與跟隨者及敵對者的關係，十分清楚地記載在馬太福音中。而耶穌就是好行為的倫理範例。第三，世人將以他們與基督徒的關係，判斷基督徒行為的品質。所以，基督徒千萬不要隨意將世人對自己的反應，視作為義受逼迫的結果。第四，基督徒的行為應使神得到榮耀。使人歸榮耀與神的行為，具有見證的衝擊力。

耶穌所使用的第三個暗喻是造在山上的城（五14）。有些人可能將這個暗喻視為光的暗喻之一部分，因為光時常照亮整個巴勒斯坦的山丘地帶。另一些人則將這個城市看為耶路撒冷的旁徵，因為錫安的確坐落在山上。[15] 然而，山上的暗喻好像是光的暗喻之附記，因為它繼續帶出燈的討論。我們可以將第三個暗喻，歸屬為解釋第二個暗喻的「從屬－暗喻」（sub-metaphor）。可見，第三個暗喻的涵義並不難理解，它的主要目的乃在強調，跟隨基督的羣體所行的公開事工。耶穌將天國公民的羣體，描述為造在山上的城市，因此他們的行為眾所周知，毫無隱藏之處。

身為天國信息接受者的「人」一字（五13、16）重複出現，這個字顯然具有重要的神學意義。在五章13至16節，人是好行為品質的評判者。他們的反應，代表他們對於基督徒行為是好或壞的評判。然而，人對於天國信息的接受，也有另一種相反的反應。在第十章的宣教講論中，耶穌所論及的「人」（十17、32～33）具有敵對天國信息的力量（十35～37，二十三4、7、13）。再次地，馬太的記錄讓我們看見，耶穌對人的兩種看法之間存有一種張力。在五章13與16節的經文中，耶穌預設人有能力正確地判斷好或壞行為。即，耶穌暗示人有判斷道德領域的能力。但是，當人面對天國信息時，這種道德判斷能力的不完美即刻顯現（十17、32～33）。當然，並非所有的人都喪失道德判斷的能力，因為那些接受天國信息的人都屬門徒團體的一部分（十35～37）。

根據耶穌，人不單是天國信息的接受者，也是宗教信仰與傳統的溝通者。但有些因誤解神的話語而產生的傳統儀式，卻對信徒毫無益處（十五9）。在馬太福音的許多部分，由人而來的教導幾乎皆具負面意味，因為它們違犯了神的心意與誡命（十五2～6）。所以，人雖然頗有能力區分對錯（五13～16），但他們同樣可能設立一些直接違反神律法的傳統。當法利賽人辯駁耶穌教訓人的權柄時，耶穌以約翰洗禮的權柄來源反問法利賽人。此時，法利賽人使用「從天上來的」或「從人間來的」用語彼此商議（二十一24～26）。人與人的對話多半屬負面性，因為他們缺乏神的權威或力量。人除了是錯誤傳統的倡導者之外，也常被視為軟弱的個體（十二43，十六23）。耶穌以「撒但」及「人」兩個字描述彼得，清楚顯示一個人可能墮入的軟弱地步（十六23）。當人子將要被交在人手裏時，耶穌使用「人」的用語，暗示這羣逮捕耶穌的人正是所有與神為敵之人的象徵（十七22）。耶穌巧妙地使用「人」一字，將人所具有的正面與負面涵義完整表露。耶穌觸及人性的每個層面，不論正面或負面，祂對於人性的觀察真實且深刻。由此可見，人的判斷未必總是正確的。人雖然可以判斷對錯，但至終天國信息將人分隔為兩個全然對立的羣體。

3. 省思與應用

我們可以由許多層面來明白耶穌跟隨者是鹽與光的意義。從暗喻來看，這個單調與黑暗的世界迫切需要鹽與光。[16] 這種對於世界的看法，雖然悲觀卻十分合乎聖經。在我們談論任何有意義的生活應用之前，我們首先要明白天國公民的行為，必須美善並且公開。無庸置疑地，行為的品質必須良好，而行為的表達也必須為眾人所見。更進一步地說，我們必須承認天國公民具有整體的責任，因為耶穌的用語針對整體而非個人。[17] 這段經文的應用與西方個人主義的理想完全相反；西方的個人主義認為，信仰是個人的事與旁人毫無關係。任何一個只想離羣而居的基督徒，都沒有徹底明白耶穌所強調的整體涵義。[18] 事實上，綜觀登山寶訓使用的字彙，整體性的用語居多，可見它對於羣體合作的重視，勝過個人主義的強調。在整體層面上，信徒應該彼此關連以齊心見證神的工作。教會整體所表現的行為事關重大。傳統的傳福音方式，非常強調以言語傳揚福音。這種強調乃是根據新約聖經的宣講事工而來。然而，我們絕對不可因過度重視言語上的傳福音，而犧牲好行為的表現。因為教導與行為同等重要。

有時基督徒的信息遭到敵對聽眾的拒絕，並不因信息缺乏真理，而因講道者缺乏與信息相稱的良好行為。耶穌相當看重好行為，甚至將有關的講論放置在宣教與受逼迫的講論之前。換言之，如果有人拒絕我們所傳講的信息，我們必須知道他們拒絕信息的真正理由。如果我們因行為不良而像丟在外面被人踐踏的鹽一樣，那麼我們的信息被拒乃是罪有應得的。[19] 因為這種信息的用處將如同泥土與糞便一樣，最後被丟棄在骯髒的街道上。在這種情況下，教會成為人們指責的惟一對象。

近年來，佛教徒對於社會的影響極有功效。他們在北美地區傳揚佛教事工，更是顯著異常。有些基督徒注意到這種趨勢，但卻以輕視的態度觀看他們的成果。在現實的挑戰中，基督徒應該仔細研讀以好行為見證神的教導，並且以嚴肅的態度面對自己的信仰。基督教必須公開並具整體性，它絕不是祕密或只專注個人的信仰。個人基督徒或許時常行善事，但其果效卻無法與整體所發揮的力量相比。如果地方教會嚴肅面對自己鹽與光的角色，那麼她可以對社區產生策略性的社會影響。教會不可單單知道自己的身分，她必須將這種知識內在化並且流露在教會的事工上。光與城市的暗喻，也向教會的領袖發出挑戰。耶穌要這些領袖跨出傳統的舒適地帶，以實行能夠具體影響社會的策略計劃。我們注意到好行為並不僅是教會領袖的表現，乃是所有天國公民的共同責任。當耶穌教導時，祂的跟隨者就表現好行為。如此說來，領袖不單以行動，同時也可以使用成熟的策略、事奉的哲學，以及異象等帶領教會。而跟隨者則因以合作及整體的行為，回應領袖的教導。

談到好行為，許多傳統教會顯然不願超越他們的現況。在停滯不前的光景下，他們創造了自我欺騙的聖潔團體及宗教貧民區。他們如同鹽罐中的鹽與斗底下的燈。他們不是「造在山上的城」，反是山谷中的貧民區。他們的生命盡是貧窮，毫無耶穌所賜予的屬靈豐盛。這種教會與其領袖，因為害怕被類似的教會標示為「自由派」、「社會福音」，或「像佛教徒一樣」等臭名，而不願在好行為的表現上更上一層樓。由五章16節與六章2節的比較，我們看見真正的議題乃是天父的榮耀，而不是個人的喜好或利益。因此，這種懼怕毫無道理可言。若與故意要得人之榮耀的假冒為善者相比（六2），這種教會顯得更加糟糕。因為他們竟然要以「無為」，來贏得人的尊敬。這種心態完全與耶穌的教導相違。耶穌希望祂的跟隨者，能夠表現豐富有餘的好行為。

究竟是甚麼原因，使得中國教會在世界上成為孤立的狀態？

這種自我欺騙的放逐，早在十九世紀末與二十世紀初已經開始。[20]當時基督教的發展，依循兩個不同的方向前進。第一，因宣教運動的興起，許多宣教士進入亞洲、非洲和印度等地方傳佈福音。第二，在美國國內，基督教的趨勢愈來愈朝向學術或認信的正統教義研究。正統教義的硬化，使得這方面的討論愈來愈局限於理性主義的範疇，而在神學的瑣碎細節上爭辯議論。因此之故，信仰的經驗層面逐漸成為信仰的次要元素。而信仰的社會應用，更是慢慢被棄置一旁。開放心智的缺乏，加上對於社會福音的漸增懷疑，引發福音派基督徒離開世俗大學的校園陣地。這無疑是一場大規模的知識分子撤退行動（intellectual exodus）。這批撤退的福音派基督徒，認為世俗大學已經失去正統精神。大規模的撤退行動造成許多基要派神學院的設立。這些基要派知識分子選擇離開大學的戰壕，以執行與「非正統」戰鬥的使命。這項撤退行動導致美國大學校園提倡政教分離的論調。所以，今日美國教育制度的自由主義，與美國福音派基督徒撤退大學校園的行動，絕對具有部分的關連。美國的教育及公眾生活也在這種影響之下，產生政教之間更大的分離。按本質來說，當時的教會自動放棄影響社會的陣地，現在他們已經很難再收回失地了。這種情況也影響了中國教會，因為許多第二代傳道人出自基要派的運動；他們在美國接受宣教訓練，而後被差派至中國傳教。可見，福音派基督徒長久以來在香港、台灣等國家的大學校園沒有發揮甚麼力量，並不是一個巧合的發展。這些國家的福音派基督徒，甚至在大學的宗教系中都無法佔具強勢。徹底的政教分離，仍將在未來的大學校園中繼續持守頑強的地位。

在美國以及其他深受美國影響的國家中，有一些基督徒對於政教分離的法律深具誤解。他們以為政教分離，代表他們在社會上不能有所作為。許多中國基督徒因受美國宣教士的影響，而懷有這種不正確的態度。我們當然不是說，教會必須要求基督徒投票給哪一個候選人或哪一項議案；但基督徒對於社會福祉的參與，應是教會文化的一部分。雖然許多基督教會並不具修道院的生活方式，但他們的心態或事工哲學卻表現修道院的思想。鍾馬田指出，這段經文一點也不鼓勵修道院的生活方式或心態。[21] 基督徒不可輕忽福音所具的社會層面。然而，福音的最終目標並不僅限於社會層面，更重要的是，福音的傳揚以及福音所具有的末世意義。福音試圖提高世人對於天父之愛的認知，因為天父配得一切榮耀。福音也顯示教會在神的計劃中所佔的特殊地位。換言之，當教會的事工與基督的彌賽亞事工一致時，教會就成為耶穌在地上的代表。因此，耶穌在世上所作的一切，教會必須盡其所能地繼續實行。耶穌不僅教導，祂也作事。當教會在行為或作事方面失敗時，她沒有活出基督徒身分的核心。因為耶穌說：「你們是世上的鹽……你們是世上的光。」單就基督徒的本質與個人責任而言，基督徒應該使這個世界成為更美好的地方。基納（Craig S. Keener）嚴厲地直指：「一個天國門徒，如果不知道如何活出像一個天國門徒的生命，那麼他的價值，就如同毫無味道的鹽與隱藏不見的光一樣。」[22] 這個說法同樣適用於教會。所以，當世界的腐敗、無味及黑暗日漸加深時，我們只能問一個問題：「教會在哪裏？」

既然在第五章與第六章之間，好行為與禱告及禁食有關，我們也必須思考基督徒在教會中應當如何敬拜神。在過往的年日中，我不斷地觀察有關敬拜形式的討論。每當我們將焦點集中於外在形式時，我們就彼此紛爭。每當我們猜測不同觀點的意圖時，火爆的辯論就隨之而來。這就是為甚麼耶穌要根據人的動機來討論好行為的原因了。當我們面對動機的討論時，我們應該避免猜測他人的動機，而將焦點集中在自己內心的省察。每當我們舉起雙手時，我們是否意圖榮耀神？每當我們克制自己不舉起雙手時，我們是否仍然一心想要榮耀神？還是我們具有相反的動機？我們無法為別人回答這些問題，但這些問題再次挑戰我們面對五章16節的主題。不論是事工或好行為，我們必須面對這個簡單的原則。即是，我們是否讓天父得到榮耀？惟有如此，基督徒才能毫不受限地自由行善。

總的來說，我們對於教會好行為的角色評估不應停在倫理層面，而應指向更深層的神學真理。教會必須認識她的存在，是神對於世界及所有歷史之特殊計劃的一部分。她具有一種策略性的末世角色。她藉著自己好行為的見證，為天上及地上的展現神的計劃。她的好行為響亮地宣告，耶穌過去在地上的事工以及未來的有福盼望。身為存在於耶穌第一次與第二降臨之間的實體，教會填補了耶穌所留下的間隔。惟當教會體認自己所具之樞軸地位，她才會嚴肅面對以好行為成為世上的鹽與光的重要使命。不參與或不行動，絕對不是基督徒的考慮。而好行為也由不得基督徒選擇，因為它們彰顯代表天國的基督徒之身分與本質。

4. 問題思考

- 好行為如何成為教會生活的主要部分？
- 為甚麼有些教會對於好行為的履行猶豫不決？
- 我們如何避免讓好行為變成某種形式的社會福音？
- 好行為如何成為你的信仰生活之主要部分？
- 是否有些毫無價值的教會事工遭受世界的輕視與嘲笑？試舉例說明。

- 在好行為以及耶穌再來兩方面，教會具有何種角色？
- 你的教會如何利用物質資源使社會蒙福？

天國的倫理（五17～48）

1. 引言

由神學的角度來看，這段經文可說是登山寶訓最基本及最富爭議的部分。五章17至20節具有最重的神學分量。而最引人注意的爭辯就是，到底耶穌「成全」律法的意義為何？不論羅馬天主教或基督教的神學家，都時常將這節經文轉向因信稱義與救恩的討論。許多討論根本不注重上下文的考慮，而只為表達釋經者宗派信條的神學立場。宗派與神學的傳統包袱，使得許多釋經者很難發現，馬太的文學關注或耶穌給與這項教導的修辭目的。根據猶太人背景的觀察，耶穌部分的教導內容曾經出現在基督或基督之前的時代。只是它們收集的次序與方式，與耶穌講論的形式不同。[23] 如此說來，基督是為舊有傳統創造新文學意義與倫理架構的改革者。[24] 藉著智慧箴言的形式帶出講論，耶穌呼籲祂的讀者不要膠著於律法的字面意義，而要深入思考這些陳述的真正用意。

如同哈格納（Donald Hagner）所言，耶穌將祂的讀者帶進祂所要表達的意義中，而這也就是第五章餘下經文的寫作目的。[25] 耶穌的教導遠超對於舊約的修正或更神聖的生活應用。在讀者躍進義與律法的行動之前，耶穌先激動讀者的內心以促使行動的產生。耶穌的教導方式再次顯示祂具以色列至高智慧教師的地位。可見，我們必須以宏觀的角度，將五章17至20節與上下文視作一幅完整的圖畫。由六個對句以及與它們平行的舊約經文，耶穌顯示祂的關切與猶太宗教完全符合。但祂同時將焦點帶離外在的炫耀與律法主義的律法遵循。耶穌將討論帶回更基本的層面。如果我們發現耶穌的關切與我們的關切不盡相同，那麼我們應該使用耶穌或馬太的措辭來解讀這段經文，如此，我們將更容易學習與耶穌相同的倫理立場。許多學者認為將耶穌與摩西比較，是解讀這段經文不可或缺的觀察。[26] 耶穌是否就是申命記那位新摩西（申十八15）？雖然馬太筆下的耶穌與新摩西十分相似，但登山變像的經文（十七1～5）卻更清楚表明耶穌的身分。在登山變像的描述中，摩西、以利亞與耶穌一同站立。然而，神的宣告展現耶穌超越摩西與以利亞的至高身分。在對照的教導中，耶穌成為耶和華的代表，因為耶和華在許久以前曾經藉著先知耶利米應許祂的子民，要將新的律法放在他們裏面寫在他們心上（耶三十一33）。[27] 如此說來，將舊律法理解為義的外貌，已經是過時的看法了。

雖然將五章17至20節視為單獨的經文段落是慣常的作法，但為著必要的上下文考慮，我選擇將這段經文與這一章的餘下內容連成一氣。要詳查如此大段之經文並非易事，所以讀者必須提醒自己注意上下文的重要性。這段經文的結構可見於下：它以語句交錯配列（chiastic）的形式出現，除了命題與結論之外，開始與結尾的段落含具平行的概念（五21～26、38～47），而中間點則是有關立約的討論（五29～37）。經文的重複帶出內心態度的強調，而中間點的立約則例證話語的重要性，因為話語是內心態度的表達。這兩個觀念相互補充，使教導的意義更顯完全。茲將這段經文的結構列於如下：

命題：「你們要完全」的必要（五17～20）

態度上的完全（五21～26）

立約上的忠誠（五29～37）

態度上的完全（五38～47）

結論：「你們要完全」的命令（五48）

我將在下文提出更多解釋，以說明為何這種對偶結構，似乎是解析這段經文最合理的方式。這種結構為我們帶出幾方面的啟發性觀察。第一，它顯示五章17至20節對於本章餘下經文的重要性。如果釋經者無法將這段經文（五17～20）與五章餘下經文的詮釋連結在一起，那麼，釋經者將在經文詮釋上發生極大的問題。第二，六個對比的討論不見得能夠完全解釋律法，它們僅是說明如何「勝過法利賽人的義」的例子。第三，這些對比之所以被使用為例證，乃因它們與律法實行者的動機有關。討論的焦點針對內在心態而非外在行為。我們將在下文中更加肯定，耶穌所要求的義不僅是外在的行動，祂更在乎人內心正確的動機。

2. 詮釋

五章17至20節是五章17至48節這段經文的第一部分。第一部分的經文為隨後出現的段落，鋪設了神學命題。這個神學陳述的強烈絕對性，常引起過分以及不必要的神學爭辯。然而，這小段經文的每個部分都必須根據上下文的概念來理解。第一，我們不可忽略這段經文（五17～20）與五章16節之間的關連。由經文的觀察，耶穌似乎暗示好行為的定義必須來自律法與先知。不論律法或先知，沒有一部分可以被忽視。如此說來，這段經文在歸榮耀與神的行為倫理架構之內，為我們指出好行為的根源。當我們觀察五章17至48節的每一項細節討論時，我們必須記住經文的主要目標乃是要人將榮耀與稱讚歸給天上的父。

第二，有關「成全」（五17）的語詞研究，將幫助我們對經文有更透徹的了解。一般來說，這個字表示預言的應驗或責任的完成。但一般性的定義未必能夠幫助我們了解此字在這段經文中的特定意義，因此，我們必須以馬太對於「成全」一字的使用法為觀察經文的進入。在這節經文的一開始，耶穌將「廢掉律法和先知」的錯誤觀念更加清楚說明。[28] 耶穌明說，在廢掉律法或先知與成全律法或先知之間，存有一種對立的關係。我同意岡德理（Robert Gundry）的觀點，他認為「廢掉」與「成全」並不是好的平行用字。[29]「廢掉」一字，不是支持律法或先知的反面嗎？而「成全」一字，不是責任或預言無法應驗的反面嗎？因此，這兩個字的奇特平行像難解的謎一樣，挑戰釋經者的思考與詮釋。當我們面對這兩個像謎一般的平行用字時，我們必須考慮字的表面及隱含意義。在本質上，耶穌藉著並非十分精準的平行用字，創造一對相互補充的觀念。五章17節所具有的雙重平行結構，極類似下列括號中的隱含對照：

廢掉　　對照「支持／堅守」[30]
「倒空」[31] 對照 成全

根據這種結構分析，我們可以推論「廢掉」具有倒空某些事物的觀念，而「成全」則包含建立某些事物的觀念。現在讓我們來檢視馬太對於「成全」這個關鍵字的他種用法。與這節經文最緊鄰的平行用法出現於三章15節，在這節經文中，耶穌藉著受洗的行動「成全」了諸般的義。可見，「成全」與耶穌的行動有關。但在此，耶穌的行動與義人將贖罪受苦的預言有關？或與祂必須像眾人一樣接受約翰洗禮的責任有關呢？這兩種可能性都存在。雖然五章17節論及律法「或」先知，七章12節卻以律法

「及」先知代表舊約聖經的完整集合。當耶穌使用「或」時，祂指整本舊約聖經的個別部分。當然，用字的變化可能僅是寫作風格的流露。因此，「或」的使用並不代表耶穌沒有強調整本舊約聖經。反而，「或」的表達強調整本舊約聖經包含律法與先知兩個部分。如此說來，耶穌藉著兩個相互補充的陳述，確保律法與先知不論在部分或整體上，都具有完整無缺的特性。

在馬太福音的他處經文，我們也看見預言應驗的提及（二十六54、56）。諸如莫理斯、戴維斯（Davies）及阿利森（Allison）等著名釋經學者，將經文的意義擴展至更廣泛的層面。[32] 這種看法並非不合理，因為當我們將登山寶訓視為新約聖經的智慧文學時，我們容讓它有極為廣泛的意義蘊含。然而，如果這種看法完全正確，那麼馬太為甚麼不直說耶穌來應驗「先知」，卻仍使用「律法或先知」？這麼看來，我們應該可以消除「成全」指預言應驗的可能性了。[33] 如同前述，當耶穌教導登山寶訓時，祂應驗身為智者或智慧教師的角色。因此，我們可以推論耶穌的「成全」，就是指耶穌在下文帶出律法及（或）先知之真義的教導。[34]

當耶穌結束有關自身責任的談論之後，祂提及後面教導的永存性。耶穌的教導將使祂遭受預期的反對勢力，因為當耶穌執行天國事工時，祂似乎故意違反律法（參八～九章，十二1～14）。我們絕對不可以說，耶穌違反自己的教導。第五章的教導使得耶穌所有的教導，成為耶穌地上事工的序言。到目前為止，我們發現對於馬太人物刻畫以及耶穌事工本質的了解，是我們詮釋神學陳述的重要基礎。我們不可不順服由小至大的律法條例，因為這違反耶穌的教導。耶穌的目的，乃是要藉著隨後的教導展現順服律法與（或）先知，在祂帶出的新紀元中所代表的真實意義。當馬太繼續教導猶太信徒羣體時，他還有一個非常重要的目的要達成。因為在馬太的時代，馬太亦遭反對舊約聖經的控告。[35] 在新約聖經正典尚未形成之前，這種控告的確非常嚴重。反對舊約聖經的控告，毫無疑問將危及馬太在猶太人當中的事工。[36] 因此，了解耶穌對於律法的觀點更顯重要。

在耶穌指出律法與（或）先知的永存性之後，祂論到在天國裏廢掉或遵行律法與先知的後果（五19）。在天國裏被稱為大或小，完全取決於個人的順服。正如莫理斯的評論：「對神的命令具錯誤的態度，意味天國中的低微地位。」[37] 耶穌在五章20節指出，信徒的義必須超越宗教領袖的義才能進入天國。祂的陳述將天國的標準解釋得更為具體。五章20節具有舉足輕重的重要性，以至於金斯伯理（J. D. Kingsbury）將其視為登山寶訓其餘部分的綱領。[38] 雖然天國公民生活在惡劣與公義難行的社會環境（五6、11～12），耶穌仍使用六個對比為例證，教導天國公民如何超越宗教領袖的義。耶穌的教導極引人注意，因為祂在談論宗教領袖不能進天國之前，首先提及天國裏由大至小的地位。耶穌講論的主要涵義乃是在天國裏被稱為最小的公民，都比當時的宗教領袖更為有義。第一世紀的聆聽者可能以為耶穌將為他們創造更多的律法與條例，以使他們能夠超越宗教領袖的義。然而，在具諷刺的智慧中，耶穌為天國公民帶出另一種完全不同的義。斯托得正確指出：「基督徒在類別而非程度上，遠勝法利賽人的義。」[39] 耶穌的教導顯示，天國公民必須勝過死板順服舊約聖經的層面。耶穌將在後文使用六個對比，表達勝過法利賽人之義的內涵。總結來說，五章17至20節為我們帶出，順服是天國成員不可或缺之特質。

倫理對比的重複形式也指出耶穌教導的心意。「你們聽見有話說」或「古人的話說」等片語，出現在每個對比的開始部分；這些片語似乎代表當時宗教領袖的教導。但耶穌的門徒必須努力超越這些宗教領袖的義。義是耶穌時代極為重要的宗教主題，我們千萬不要低估這個事實的重要性。各家各派對於義的定義及如何活出義的生活，各種不同的看法不勝枚舉。除了人人皆知的法利賽人與文士之外，還有一種出自昆蘭社區的看法。這個社區的領袖被稱為「公義教師」。[40]「你們聽見有話說」的列舉，為我們暗示耶穌使用這個片語的目的。從表面來看，耶穌似乎僅為特定的舊約聖經律法提出詮釋。然而，祂也可以使用「經上記著說」的形式（二十六31）或不具任何公式的直接引述（十35，十一17），來表達祂對舊約聖經律法的看法。可見，在這些對比中，耶穌不僅針對舊約聖經提出討論。更確切地說，祂可能針對聆聽者所知道的各樣宗教看法提出修正。所有的對比形式讓我們清楚看見，耶穌這種更進一步的暗示。

每項對比的結構都以律法的陳述為開始，而後解釋隨之出現。解釋部分反映耶穌對於對立觀點的攻擊。可見，耶穌以神對於律法的看法，來對照一般人對於律法的理解。換言之，耶穌的教導具有反對的層面。祂不僅帶出某些事情的討論，更針對反對的看法提出教導。而這些反對的觀點，正是天國公民必須超越宗教領袖的教導（五20）。為了更加了解經文，我們可以猜測到底甚麼是耶穌攻擊的對立看法。因此，耶穌教導的解釋部分，成為我們尋找答案的最佳暗示。我們可以肯定耶穌在一貫的倫理教導中，平衡兼顧內心的動機與外在的守法。換句話說，耶穌所反對的是呆板、只重外表，以及按照字義的律法遵行。因為這種順服，毫不顧慮背後的動機與順服的真義。

當我們開始研究耶穌倫理教導的主要經文時，我們必須記住所有的倫理教導都與五章17至20節有關。因為這段經文中的耶穌以神的聖者之角色，教導順服律法的真諦。我們亦須記住五章21至25節及五章38至47節之間完美態度的平行主題；因為這兩段經文的結構明顯展現主題的平行。這種刻意的平行寫作，要求我們將這兩段經文放在一起觀察。極為明顯地，耶穌在針對正面心態之前（五38～47），首先以負面心態為討論焦點（五21～26）。

耶穌所針對的第一個禁令，與仇恨及衝突有關（五21～26）。這段經文與八福緊密相關，因為它再次強調信徒的身分與行為。如果一個人的喜樂來自溫柔的心（五5），那麼他如何可能恨人呢？第一個對比出現於五章21至25節。這個對比可溯源自出埃及記二十章13節。耶穌很可能針對：「只要我不殺人，對他含恨或說怒氣的話又有甚麼傷害呢？」的心態，提出爭辯。這種看法可能是當時宗教領袖對於「義」所持有的界限。當耶穌針對錯誤的態度提出解釋時，祂首先以「凡向弟兄動怒的」帶出內心的討論。[41] 因為懷藏的怒氣，生出尖苛的言語。[42] 跟著，在馬太福音十八章，彼得問耶穌當饒恕得罪自己的弟兄幾次呢（十八15～17）？耶穌因此為饒恕與和好的議題帶出更廣泛的討論。這麼說來，第五章所展現的論點，為耶穌有關饒恕的有力教導提供了良好的根基。如果天國公民必須愛仇敵，那麼彼得不是更需要饒恕他的「弟兄」嗎？

耶穌在五章21節所論及的審判，包含人與神的兩個層面（五22）。公會代表管理以色列人的審判官，凡稱呼自己的父親為拉加的，難免公會的審斷。「拉加」就是「沒腦子」的意思（五22a）。[43] 凡罵弟兄是魔利的，難免地獄的火。「魔利」就是「笨蛋」的意思。[44] 耶穌的論證不但嚴肅並且仔細。祂首先以亞蘭語的「拉加」，而後以希臘語的「魔利」重複笨蛋的觀念。雖然用字不同，但對人的冒犯卻一樣嚴重。這兩個字代表，人因憎恨的態度而濫用言語傷害對方的行為。這種稱呼人的方式令耶穌厭惡。在定罪這種言語濫用時，耶穌由公會的審判進展至神的審判。[45] 耶穌由輕至重的論證手法，說明耶穌對於這段教導的嚴肅態度，祂非常關切天國公民對待弟兄的態度。

第一項對比的結尾（五23～26），也讓我們由耶穌建構應用的方式看出修辭的重要性。除了在對比一開始使用由小至大的論證方式之外（五21～22），耶穌的論證現在也由外在表達進入內在光景與關係的討論（五23～24）。更確切地說，弟兄之間的和諧表現，在此處由宗教的領域（五23～24）轉移至法律的範圍（五25～26）。換言之，耶穌在猶太人生活的兩個主要領域中，倡導一種義的和諧。而宗教與法律則分別代表這兩個主要的生活領域。如此說來，耶穌藉著包含一切的例證，倡導信徒所有生活層面的和諧。第一項對比高居六項對比之首，因為它包含所有關乎關係的教導。

現在我們必須檢視第一項對比的最後兩個衝突例證（五23～26）。五章23至24節的衝突發生在弟兄之間。在馬太福音中，「弟兄」以兩種不同的方式出現。第一種方式與來自相同血緣的家庭有關（例如十2、21）。第二種方式與暗喻的天國弟兄有關（例如十二48）。五章23節的所指，應該是暗喻的弟兄。弟兄的關係隱含天父上帝所具有的主權。五章23至24節針對冒犯弟兄的天國公民而言，因為經文明說「弟兄向你懷怨」。可見，冒犯者是天國公民。冒犯者必須先去同弟兄和好，然後才將禮物獻在祭壇上。[46] 所有的行動，都以神在觀看為前提。尤有甚者，祭壇是表現敬虔外貌的地方。但耶穌對於儀式較不重視，祂也不甚關切外在的行為。耶穌反較關心內裏的態度。與弟兄的關係就是內心態度的反映。如此說來，耶穌徹底改革了「舊約律法只重外在行為」的一般理解。耶穌在祂的時代不啻是一位宗教改革者。

引人注意的是，耶穌對於衝突的對待極為嚴肅，祂鼓勵聆聽者將禮物留在壇前，先與弟兄和好然後再獻禮物（五24）。我們必須體會獻祭是一項多麼複雜的工作。人必須先把祭物切開，然後經過聖殿周圍的不同地區，才能將祭物交給祭司。將祭物留在壇前將使獻祭的過程變得更加繁瑣，因為排隊獻祭的時間都將完全浪費。耶穌這番講論可能促使聆聽者懷疑這種作法是否可行。因為將祭物帶至壇前已是一件不易又繁重的工作，難道我們真地必須將禮物留下，先去尋找弟兄與他和好嗎？耶穌的要求好像十分不合理。事實上，耶穌再次使用修辭的誇張法。這是一個最極端的誇張例子。但即使在這個例子中，我們都發現離開祭壇並不是解決問題的辦法。因此，當我們將耶穌的講論視為誇張的修辭語句時，我們就明白冒犯者根本不應該將禮物帶至壇前。他必須先解決衝突的問題，如此才不會因為需要尋找弟兄和好而停止整個獻祭儀式的進行。[47] 換言之，耶穌講論的真正意義乃是：「如果你與弟兄發生衝突，根本不要去壇前獻祭，因為這將浪費你與神的時間。」耶穌期待我們在事奉神之前，先解決人際關係的問題。耶穌所要糾正的就是下列的心態：「既然我已經事奉神，並且煞費周章地帶來祭物，我就不需再為衝突的問題傷腦筋。畢竟，這個問題並不是謀殺的大罪。」耶穌教導我們，當我們在人際關係上犯罪時，我們無法合宜地執行宗教責任。

耶穌也要求我們，在神看為對的事上作出正確的抉擇。如果一個人願意，他絕對可以改正自己的錯誤。耶穌將祭壇與人際關係相連的教導，值得我們多加思考。依照猶太人的常規，一個人在獻祭之前必須先潔淨自己。事實上，在耶穌的時代，獻祭是猶太教極關心的議題。更早以前，死海古卷中有一個稱為聖殿古卷的完整卷軸，完全針對儀式與聖殿事物提出討論。法利賽人甚至特別為獻祭的潔淨律法訂定重要規則。[48] 然而，對於耶穌而言，潔淨並不在於外表的儀式，乃在乎清潔的良心。耶穌就是潔淨者，祂的價值觀與許多猶太教的規定完全相反。

五章25至26節更詳細地解釋冒犯的例子。在這兩節經文中，天國公民尚未還清他欠弟兄的債。這種冒犯的結果常使人訴諸於人所設立的法庭，為冒犯者帶來不少的痛苦。當我們注意到人的審判與神的審判有綜合相交的層面時，我們相信諸如仇恨的不當情感，終將承受所有層面的法律後果。冒犯者必須面對的審判可能來自人或神。因此，人必須正確處理各種情感的問題。神並不要我們埋藏或否認情感。相反地，祂要我們以儆醒的態度，檢視自己與他人關係的溫度計。

耶穌的第一項對比教導，對於冒犯者與受害者都能帶出平衡的應用。耶穌首先針對受害者，因為受害者可能在憤怒的情況下，說出讓自己後悔的言語（五21～22）。但這種解決憤怒的方式，對天國沒有任何助益。而後，耶穌繼續針對冒犯者，因為冒犯者可能對自己所犯的罪毫不在意。耶穌警告冒犯者反省自己的所作所為，以免受害者的怒氣臨到他。耶穌教導的形式與內容，充分地反映了天國關係的和諧。耶穌要我們在掛慮別人之前，先解決自己的問題。檢視的中心應該是自己而非別人。而怒氣也應當以富有建設性的方式解決。耶穌的信息簡單清楚：神關切我們，祂不希望我們引發怒氣或成為怒氣的受害者。當我們以基督的心為心時，我們的義就可以勝過耶穌當時宗教領袖的義。

在針對第一部分有關衝突的平行教導之後（五21～26），下文的詮釋將突破一般釋經書的解經次序。我們將直接跳進五章38

至47節的觀察，因為這兩段經文具有相同的結構，可以讓我們先將焦點集中在相同主題的討論上。這種解讀方式幫助我們，停留在修辭的結構與經文的主題中。五章38至47節針對衝突的正負兩面提出討論。五章38至42節針對負面部分，而五章43至47節則針對正面部分。

在五章38至47節的段落中，耶穌引用出埃及記的經文（出二十一24）。為要徹底了解耶穌的講論，我們必須先明白蘊藏在出埃及記背後的用意。出埃及記二十一章24節的內容，與維持社會次序的政府或民事法律有關。甚至遠在舊約聖經時代，個人的報復行動已經明顯成為解決不義的大問題。出埃及記二十一章針對減少支派或家庭之間的暴力報復，提出具體的命令。這種個人報復行動所造成的社會問題，也讓我們看見神在各地設立逃城以防止報血仇而誤流人血的原因了（申十九章）。所以，耶穌並非倡導某種絕對的和平主義，祂乃是要恢復律法的原有精神。祂賦與政府審判的權利，並且不容個人報復行動的濫用。

在了解耶穌教導來源的背景之後，我們下一步應該觀察耶穌的講論。首先，耶穌講論真實的情況。祂使用「惡人」一詞描述不義的現實。[49] 耶穌事實上針對：「既然這個人如此邪惡，他值得受到嚴厲的報復。畢竟，他既不是天國公民，也不是以色列人。這又有何差別呢？」的心態。這種心態讓我們想起前文的八福。如果一個人尋求神的和睦（五9），他如何可能以惡報惡呢？耶穌以「有人」描述惡人（五39～41），與前文的弟兄成為對照。因此這段經文的「有人」，並非天國公民。他甚至可能是一個邪惡的外邦人，因為耶穌稱其他的猶太人為弟兄（五47）。如此說來，耶穌以具體的現實境況帶出祂的講論，祂一點也不否認世界上的邪惡。祂對於傳導邪惡的惡者也並非視而不見。實際上，耶穌藉著祂的事工，貫徹始終地對抗邪惡的意識理念與羣體。所以，當耶穌談及「作對」時，祂以出埃及記二十一章24節所含具的報復意義為「作對」下了定義。[50] 耶穌的講論不單指自衛而言，祂更廣泛地針對主動的報復行為提出討論，因為所有的教導都指向五章38節的經文。這節經文的主題一直都與主動的報復行為有關。如此說來，耶穌將舊約聖經的報復理念加以調整。當我們觀察耶穌這段教導時，我們必須預設所有處在這些情況中的天國公民都沒有犯錯。耶穌並不是說，這些人因自己的錯誤而遭不義的對待。因為有關這方面的討論，已在五章23至26節的經文段落中詳加解釋。這段經文（五38～47）中的天國公民，純粹是無辜的受害者。這羣天國公民必定已經檢視自己的內心，並且確定自己在衝突事件中全然無辜。

其次，耶穌繼續帶出惡人侵犯天國公民的四個例子。較具體的上下文應屬出現在前的逼迫（五10～12）。這段應用並非政府或軍事方面的逼迫。相反地，耶穌所談論地乃是個人的逼迫。第一，惡人會侮辱天國公民。五章39下半節論及有人打天國公民的右臉。幾乎所有的釋經者都指出一個人必須使用右手背，才能打對方的右臉。在耶穌的時代，這種打法代表一種極盡的個人侮辱。[51] 如果一個人打對方的右臉，表示他故意要侮辱對方。當受害者轉過左臉時，他採取被動的角色不以牙還牙。與天國公民以右手行善恰適相反，這些惡人使用右手犯罪。這段教導所帶出的大原則就是，天國公民不可「以侮辱還侮辱」。

第二，惡人會傷害天國公民的個人財物。五章40節告訴我們，有人拿天國公民的裏衣侵犯了私人的財產。天國公民不但沒有以其人之道治其人，反而連外衣也任人拿去。這種人不僅靈裏貧窮，更因他人的壓迫而極度窮困。如同出現在此段經文的其他例子，許多釋經者認為這是一種強調修辭效果的誇張說法。因為失去裏衣與外衣，將使一個人全然裸露而招到公眾的棄絕。[52] 所以耶穌並非提倡公開裸體，祂也沒有絕對禁止天國公民訴諸政府的審判程序。畢竟，雖然保羅不鼓勵弟兄之間彼此訴訟告狀（林前六1及下），但他自己也向該撒上訴（徒二十五11～12）。顯然，早期基督徒對於耶穌這項教導的應用方式極為不同。甚至顯著的使徒領袖們都不見得具有一致的看法，因為耶穌使用諷刺又令人好笑的裸體例證表達祂的觀點。[53] 耶穌告訴我們，個人的面子（即丟臉）並不永遠是天國的首要優先。

第三，惡人可以在政治上壓迫天國公民（五41）。在羅馬帝國的時代，軍人及其他官員可以強逼殖民地的人民與他同走一里路以幫他背負行囊。有齣極通俗的戲劇記錄了一位軍人嘗試向平民徵募驢子使用的故事（Apuleius' Metamorphoses 9.39～40）。在故事中，這位軍人被揍了一頓，但平民卻被處死。顯然故事的情節與當時的社會情境有關，因為所有為羅馬政府事務而奔波的旅行者，都可以獲得一張「證書」，以徵募平民提供任何種類的協助。這實在是一種不公正並且非官方的課稅方式。[54] 另外，在後期的拉比文獻中，我們也可以看見猶太人被羅馬人壓迫的例子。[55] 這些官員可以要求不具公民身分的人民，替他們做些奴僕的工作。然而，天國公民對於天國身分的看重，遠超自己在地上的特權。

第四，惡人可以在天國公民的善意上佔取便宜。五章42節談及有人向天國公民借貸。耶穌要祂的跟隨者白白施與，以幫助需要的人。這裏可能暗示借貸的人根本無力償還債務。這種教導的確預備聆聽者接受下一章有關施捨與禱告的討論。總的來說，耶穌要祂的聆聽者放棄有關個人衝突的「以牙還牙」心態。在耶穌的國度中，「人有能力放棄索債，支持弱者，並更新受壓制者。」[56] 在對比出現的次序中，耶穌以所有個人敬虔（即和好、婚姻的忠貞、性純潔、話語上的誠實等）的議題，為報復與愛的高潮教導帶出前言。根據教導次序的安排，我們看見耶穌並不要祂的跟隨者關注個人的權利或特權，祂要他們重視正確的態度與品格（例如五21～37）。畢竟，所有的義行都出自具有八福特徵的生命。

在談論完如何解決世上衝突的消極辦法之後，耶穌接續討論天國公民可以主動參與的積極步驟（五43～47）。當耶穌面對衝突時，祂並沒有停留在消極的模式中。許多基督徒停留在耶穌的禁令中，因此他們解決衝突的方式不但負面又消極。但耶穌不單倡導寬容，更加鼓吹關係上的主動參與。耶穌要求被壓迫者履行壓迫者所強加的額外義務，以顯示主動的愛。

五章43節的第一部分，引自利未記十九章18節。然而，五章43節的第二部分，並不見於利未記十九章18節。可見，耶穌明顯針對恨仇敵提出爭辯。這種恨仇敵的態度極有可能具有外邦文化的根源。[57] 這句引言極重要，以至弗盧瑟（David Flusser）將其視為解釋十誡某些律法的範例。這些十誡的律法甚至包含人際關係的部分，而人際關係的部分也為後文引出金律的教導（七12）。[58] 金律與教導人「以眼還眼」的法律恰成反照（五38）。然而，彼此對等的邏輯與修辭卻極為相似。耶穌要求聆聽者作出令人無法想像的事：愛仇敵並且為仇敵禱告。這項要求與八福緊密相關。如果一個人能夠對不值得愛的人充滿憐恤（五7），那麼他如何可能不愛他的仇敵？哈林頓如此評論：「耶穌教導的目的，乃為突破一個人對於愛的對象所強加的限制。」[59] 耶穌也不談論愛的結果，因為祂不在乎這種愛是否產生果效。耶穌所倡導的愛遠超實用的層面，甚至不含傳福音或領人歸主的目的。即使領人歸主也是這種愛的副產品，絕對不是天國公民愛仇敵的主要動機。愛是一種委身，而凡屬天國的公民都有愛的特徵。因此一個擁有天國生命的人，必定具有愛的基因。耶穌顯然不寬容仇敵所行的惡事，然而，耶穌反擊的武器並非暴力對抗，而是充滿愛的禱告。耶穌主要以天國公民所具有的兒子身分，解釋祂如此教導的原因（五45）。因為天國公民的天父，對於好人或歹人一樣照顧。這不僅彰顯神的恩典，更表達神對於自然界的主權。對於神的公義滿有信心的天國公民，不會在每一個微小的違法上尋求報復或賠償，因為信心先於愛。由概念來看，這些經文提醒我們神的兒子具有使人和睦的特徵（五9）。兒子應該與父親相像。神無限的愛現在傳遞給祂的兒女。為了與天父相像，神的兒子必須像父親一樣愛義與不義的人。

在愛仇敵方面，耶穌繼續解釋外邦人（以及稅吏）與天國公民的區別。[60] 外邦人可能是天國公民傳福音的對象，但絕不是基督徒團契的同伴。[61] 除了講論天國公民為甚麼必須愛仇敵的原因之外，耶穌也為愛仇敵的行為提供動機的支持。祂論及天國公民將來可能接受的獎賞（五46）。當耶穌描述朋友的關係時，祂使用「弟兄」一詞（五47）代表同屬一個種族。耶穌乃是告訴我們，如果我們單請弟兄的安，我們又比外邦人有甚麼長處呢？或許，我們只與耶穌時代的宗教領袖一樣好。我們必須注意，如同保羅書信一開始的「平安」或“Shalom”一樣，當時猶太人的問安極為普遍。猶太人的問安，暗示問安者願意與問安對象建立良好關係的心意。當時的問安並不僅是表面的招呼，或一般的點頭問語。根據猶太人的背景，當耶穌論及問安時，祂所指的乃是主動與人和睦，並且確定兩方關係和諧並且沒有任何衝突存在。另外，外邦人一字代表非猶太人。[62] 對於外邦人而言，與自己同種族的人結為朋友乃是十分自然的事。極為有趣的是，耶穌不但要求天國公民愛仇敵並且為他們禱告，祂還要天國公民在公眾面前，以問安表達對於仇敵的愛與禱告（五47）。耶穌在此為「以色列為神的兒子」之身分，重新下了定義。以色列應該與領養她進入家庭的耶和華一樣，具有深廣的愛（參利十一44～45）。

綜合上述有關衝突的教導，我們可以作出如下的結論。耶穌並非律法主義地建議我們，不要護衛自己、家庭或財產。相反地，祂強調我們要將公義的判斷放在政府手中，以避免自發性審判的產生。當我們觀察周圍的上下文時，我們是否可以發現五章38至42節與五章33至37節之間的關係？這個問題將在下文更仔細討論。概略來說，耶穌的關切並不在於他人是否公義（五33～37）；天國公民所當表現的義（五38～42），才是耶穌的主要焦點。天國公民的完全（五48）與義（五20），在向可愛甚或不可愛的人表達愛時，已經流露淨盡。[63]

下一個段落的教導，出現於五章27至37節。這個段落應該被視為一個單元，因為它針對不同種類的立約形式，提出天國公民必須忠於立約的教導。這個中心教導剛好位於兩段經文的中間點。更確切地說，這段教導處於五章21至26節與五章38至47節兩段平行經文之間。第一種立約與婚姻有關（五27～32）。出現在第一個討論中的兩個對比應該被視為一組，因為它們不但在形式上含具相同的特徵，並且帶有共同的主題。五章31節稍微地改變了對比的形式，因為「又有話說」取代了「你們聽見有話說」。這種縮短的慣用語，是耶穌極富技巧的修辭策略。即使兩個對比所針對的婚姻議題稍有不同，耶穌的修辭策略也能使這些經文一起發揮作用。事實上，兩個對比所討論的婚姻立約，都與姦淫有關（五27、32）。修辭與主題，將這段經文緊連在一起。

婚姻立約的第一個議題討論與姦淫有關。[64] 這個討論與八福緊密相連，因為八福不斷強調，天國公民的身分必須與行為相符一致。在耶穌的時代，羅馬法律反對姦淫，但卻僅限於行為上的禁止。[65] 當時男人在法律上較佔優勢。男人與娼妓的性關係，並不會受到非議。[66] 畢竟，如果一個男人清心又飢渴慕義（五6、8），他如何可能犯姦淫又與妻子離婚呢？耶穌引用的「不可姦淫」，出自出埃及記二十章14節，剛好排列在「不可殺人」（五21）之後。如此說來，這是十誡有關人際關係的第三項命令。耶穌在前文首先引用「不可殺人」的一般性命令，因為它針對所有的人並且關注個人的生命。而在此，耶穌將自己的教導應用於一個特定的團體，以確保家庭制度在社會中的延續。耶穌有關家庭的教導並不新鮮，因為相同的討論已經出現在約伯記中（伯三十一7～9）。[67]

極有趣地，西尼卡（Seneca）的著作顯示當時女人的衣著打扮，非常吸引男人的眼目（*De ben*. 7.9）。[68] 因為她們穿著絲類的衣服，以創造更強烈的女性魅力。耶穌的時代與今日相同，男人在道德方面的放縱，總是較女人容易被原諒。[69] 但耶穌很快地改變這種雙重標準，祂將道德眼光的責任重新放回男人的肩上。耶穌把握機會，提醒並更新聆聽者勿忘舊約聖經的倫理教導。在一連串的教導中，耶穌針對「我只是看看又沒有犯姦淫罪，這有甚麼不對呢？」的心態，提出不同的看法。藉著「凡看見」一詞的使用，耶穌將教導的應用擴大至已婚與未婚的人。在眼睛的暗喻中，耶穌使用單數的眼睛，反映單一的內心態度。五章27節的「你們」以複數形態，代表這項命令的一般性與普遍性。這個暗喻的真正關鍵並不在於「看」，而在於「貪戀地」看。[70] 再次地，我們看見耶穌所針對的，不僅是外表的姦淫行動，還加上更重要的內心態度。

為了更深入體會耶穌的教導，了解耶穌當時的社會對於性行為及眼睛的看法，成為不可或缺的重要觀察。古典文化人類學者所做的研究，在此為我們提供極大的助益。在近代的著作中，克拉克（John R. Clarke）的《透視愛欲》（*Looking at Lovemaking*）一書特別值得我們注意。在這本書中，克拉克檢視羅馬社會對於性的藝術表達。[71] 克拉克的研究讓我們看見，性如何在每個層面影響外邦人的生活。他在書中展示有關性的圖片，由飲用的各式杯子、民宅的壁畫，甚至到公共的建築物。這些圖片各自具有娛樂、教導，以及裝飾的功能。不論人的眼睛往何處觀看，描繪性行為的圖片總是隨時出現。可見，公開的性表達，並非現代的專利品。克拉克所提供的圖像及文學證據，為我們顯示一項不變的主題：羅馬社會並不以任何與性有關的行為為羞恥。現代社會所認為的「色情」，對於羅馬人而言，稀鬆平常一點也不稀奇。除非人閉著眼睛走路，否則耶穌時代的人隨時隨處可見與性有關的圖像。如此說來，耶穌並非反對當時人無可避免的「偶然一瞥」。耶穌所反對的是，容讓「一瞥」轉變為「動機」的內心態度。耶穌也不主張性的禁欲主義。但祂反對超越天國倫理規範的性思想與性行為。在當時的羅馬社會規範之下，天國公民顯然與所處的環境極為不和。耶穌的猶太人聆聽者，可能頗為自豪地說：「我們不像那些骯髒的外邦人。」雖然耶穌為天國公民所設立的標準早已存在於猶太人當中，但祂卻重新將這些標準加以提升。當耶穌將心與眼放在討論的最首要地位時，祂已經完全脫離羅馬人與猶太人的文化觀點。畢竟，「看見」與「貪戀」是完全不同的兩回事。

「貪戀」（lust）或欲望一字，在新約聖經中具有中性的意義。有些時候，這個字具有正面意義（例如《七十士譯本》箴十24；路二十二15）。這種欲望的正面或負面價值，完全取決於倫理的適用性。換言之，這個欲望的對象是否被道德或法律所禁止？馬太對於這個字的使用，具有負面的意味。因為它代表「看」以至於產生「貪戀」的觀念。在六章22至23節的經文中，具單數形態的眼睛一字，代表道德的眼光。希臘文也以單數形態的眼睛，一致地出現在這段經文中（六22～23）。如同前面的討論，這個單數用字超越肉眼的視力，而進入屬靈的範圍。眼光的準確與公義，佔據耶穌道德修辭的中心。藉著眼睛與心的關係（五27～29），耶穌為其餘有關道德眼光的討論設下語調。道德眼光甚至在產生行動之前，已經由心發出。五章29節成為後文有關道德眼光之教導的倫理根基。而後，耶穌由眼睛的暗喻進展至右手的暗喻。可見，心導致眼光的形成，而眼光則依次地導致行動的產生。不論是思想的人或行動的人，都雙雙犯罪了。與使用右眼一樣，耶穌也使用右手於五章30節及六章3節的經文中。眼睛代表眼光，而手則代表生活方式。五章30節的右手，顯然犯了姦淫的罪。六章3節的右手則行了施捨窮人的善事，並且左手不知道右手所作的。有的人可能認為「不要叫左手知道右手所作的」，並非不要叫左手知道，而是不要叫人知道。同樣看法也適用於犯姦淫者的左眼。然而，耶穌的講論具有強烈的暗喻力量，已經超越肉身雙手的範圍。[72] 具單數形態的手，代表強壯的手所作出的行為。換言之，信徒必須將自己的力量用於正確的理想，而非錯誤的目標之上。耶穌的心意，顯然是要拔除所有的邪惡根源。在婚姻立約的第一個議題之後，耶穌進展至離婚的討論。

婚姻立約的第二個議題與離婚有關（五31～32）。這個討論同樣與八福緊密相連。畢竟，如果一個人飢渴慕義（五6），他怎麼可能發出不誠實的誓言呢？為甚麼耶穌在討論離婚之前，首先提出姦淫的議題呢？一個極有可能的答案就是，姦淫摧毀婚姻並導致離婚的下場。根據特拉格拉理（Susan Treggiari）對於羅馬文獻的徹底研究，性的不端行為是造成羅馬人離婚的主要原因。[73] 更進一步地，如同現代人的離婚，許多有關羅馬人離婚的研究集中於財務方面的討論。[74] 然而，耶穌的教導穩固地建立在道德的基礎之上。岡德理坦率地直說：「姦淫自然會走向離婚的結局。」[75] 五章31節的引述，出自申命記二十四章1節。在耶穌的時代，希列（Hillel）與煞買（Shammei）都將休妻的責任完全歸咎於女人（m. Gittin 9.10; Josephus *AJ* 4.8.23）。[76] 既然在羅馬法律之下女人可以提出離婚，那麼拉比顯然不是從法律的觀點來責怪女人。[77] 女人的能力或道德，才是拉比把女人定罪的焦點。耶穌的講論將責任放在男人身上，顯然推翻當時的習俗；因為耶穌時代犯姦淫的婦女仍遭用石頭打死的刑罰（約八章）。[78] 或許對於犯姦淫的婦女而言，休妻還是比較仁慈的刑罰方式。[79] 我們無法確知，當時以較仁慈的方式解決婦女姦淫的問題到底有多普遍。

在提及休妻之後，耶穌帶出一小段有關休書的討論。到底休書的目的為何？較合理的推論應該是當男人發現女人有不純潔的問題時，他所發出的休書可以使女人免除姦淫的罪名，並且容許女人有再婚的機會。當然，這並不是男人給休書的惟一理論或解釋。但不論休書的用處何在，耶穌強調的是對於律法的了解。既然耶穌加上五章32節的經文，我們可以確定耶穌要革除休書可以使人再婚的功能。因為經文明說：「凡休妻的，若不是為淫亂的緣故，就是叫他作淫婦了，人若娶這被休的婦人，也是犯姦淫了。」[80] 耶穌以這節經文，強烈反對當時丈夫可能具有的下列心態：「既然我不喜歡她，並且給她休書使她可以再婚，那麼，我犯姦淫罪又有何妨呢？」

耶穌將再婚與姦淫牽連在一起極引人注意，因為祂已經在前文針對姦淫提出討論（五27～30）。基本來說，耶穌認為看見婦女動淫念與婚外性行為是一種姦淫行為，而離婚與再婚則是另一種姦淫行為。將再婚與姦淫牽連在一起的關鍵，在於神對於婚姻的看法，因為神認為兩個人在婚姻中的連結應該是永恆不變的。如果離婚發生，它的效力只限於人的層面。相反地，天國裏的婚姻不論在屬靈或法律上，永遠具約束的效力。[81] 神認為婚姻的立約恆常有效，因此祂反對再婚。可見，耶穌的重點不僅在於再婚問題的討論，並且與婚姻立約的神聖性有關。

在結束婚姻的討論之後，耶穌進入起誓的教導。這似乎是一個不同的議題。直至目前，聖經並沒有明顯禁止起誓的教導。但清楚的證據顯示一些如同昆蘭社區的猶太人羣體，為了防範說謊的發生而試圖避免起誓的行為。[82] 如果昆蘭社區的人必須起誓，那麼他一定要全心全人地確保誓言的真實性（1 QS 5.7～9）。在舊約聖經中，神有時也指著自己起誓（創二十二16）。然而，舊約聖經也命令神的子民不可作假見證（出二十16）。上下文的觀察讓我們看見，這裏的起誓與婚姻的立約緊密相關。在六個對比中，我們看見「又」一字僅出現於五章33節。[83] 「又」一字的主要功能乃是藉著它所具有的文學連續性，將這段討論與上文串聯在一起。[84] 「又」的用法清楚暗示，五章33節與以下經文的討論，必須根據婚姻與離婚的上文教導來理解。[85] 如此說來，我們不應該忽略上下文的考慮，而誤以守律法的角度詮釋有關起誓的命令。

有些教派錯解這段經文（五33～37），因此禁止信徒在法庭上宣誓。這是不考慮上下文的詮釋架構所產生的結果。他們只焦注於起誓的行為。如同前面的所見，如果我們將這段有關起誓的教導視為獨立的經文，那麼耶穌的教導將與昆蘭社區對於起誓的看法十分相似。然而，耶穌將這段經文與相關論題連結的方式，使得祂的教導特別與眾不同。如果我們將這些論題看作更廣智慧教導的模式，那麼耶穌對於起誓的討論將帶出更寬廣的議題。教條式的應用，根本不是耶穌教導的心意。對於耶穌的教導死板應用，將使今日基督徒偏離真正應用的正道。博克（Darrell L. Bock）與赫理克（Gregory J. Herrick）所提出的警告不容基督徒忽略：「許多時候，基督徒堅持聖經直接從天上掉到我們中間，因此，除了二十一世紀以外，聖經並不含真實的歷史情境……這種看法，並不是我們透徹了解這些古代文本的最佳或最安全方式。」[86] 這項警告可以適用於各種類型的解經，尤其是對比這種較難處理的經文。

在口述的社會中，並非每個人識字，更遑論閱讀法律文件的能力。因此，口語的起誓成為保證誠實的惟一方式。換言之，當大多數人都不識字時，口語（spoken word）成為他們最重要的溝通媒介。在耶穌的時代，文盲的高度比例使得口語較今日更為人重視。[87] 可見，對於現代基督徒而言，這段教導的應用實在十分廣泛。五章33節有關起誓的律法，是十誡第三項命令的摘要（出二十7）。耶穌似乎在討論與神的關係之前，逕先探討與他人的關係（五21～32）。然而，當經文觀察人與人互相起誓的人際關係時，我們看見人與神的垂直關係，緊密地影響了人與人的水平關係。起誓的目的乃是為了避免人的不誠實。最佳的例子可見於耶穌對於文士與法利賽人的重複咒詛，因為他們竟然容許虛假的起誓（二十三16～22）。而耶穌早在由五章33節開始的經文中，提到起誓的嚴重性。[88] 耶穌並不禁止起誓，而是反對起誓的人藉漏洞起假誓的動機。[89] 五章34至35節的經文，似乎顯示有人指著神的座位或耶路撒冷起誓，以避免直接向神起誓。事實上，達林（Dennis Duling）在他的文章中提議，有關起誓的討論是馬太參與希律安提帕時期一項辯論的方式。[90] 然而，達林的提議實非必要。因為馬太所描繪的耶穌已經參與了辯論，但耶穌的辯論並非為了哲學的探討，而是為了帶出神國度的具體應用。達林另有一項頗具價值的觀察，他指出「大君」（Great King）一詞，可能是描述地上國王之用語的重新使用。[91] 不過，沒有任何證據顯示耶穌的話語反對人的君主政體。耶穌乃是使用一個論題的辯論來指向另一個更重要的議題。我非常懷疑馬太僅為參與當時的辯論而寫下這段經文的看法。

事實上，耶穌對於意象的使用含有許多豐富的意義。對於口述傳遞的信息而言，聽眾必須依賴生動與簡單的日常意象來理解概念的含義。這也讓我們看見以「智慧」與宏觀角度釋經的長處。因為許多「傳統的」釋經者使用字義、微觀，以及律法的角度詮釋耶穌的對比，因而產生應用層面的真空狀態。按字面與拘泥不變的釋經，使人無法了解耶穌講論的精義。這種方式既不能了解講論的目的，也不能帶出適切的應用。在五章34至36節的經文中，耶穌使用各種類型的意象，以整全地表達經文的單一概念。這些意象的嚴厲與徹底性，在經文的進展中漸次加強。耶穌的講論也由一般性進入具體化。就一般性來說，在五章34至35上半節的經文中，耶穌使用天與地的意象。但這並不意味如果天國公民不向天或地起誓，他的品格就正直無缺。因為這並不是耶穌的重點。當耶穌將天與地連在一起使用時，祂綜合天地的概念，使其成為「包含一切」的單一概念。畢竟，一切事物都存在於天地之間。如此說來，耶穌的意象完整地包含了一切。尤有甚者，耶穌論及了聖殿。聖殿代表一個具體的地點，象徵地上聖潔的最高點。因為根據較後期的猶太傳統，兩個主要仲裁訴訟的法庭都在耶路撒冷。[92] 在這種情況下，耶路撒冷成為公義與忠貞的象徵，因此人們喜歡指著她起誓。好像一般的起誓還不夠，耶穌甚至擬想人起誓求助於聖殿的愚昧姿勢。宗教的地點指出起誓的宗教性質，以充分證明起誓者的無罪。甚至一般的天與地以及神聖的地點都還不夠，在五章36節的經文中，有些人竟然指著自己的頭起誓，以確定他沒有任何疏漏之處。其實頭是生命的根本定義，因為沒有頭的身體沒有生命，更遑論任何行為的表現。無怪乎耶穌將頭與生命連接在一起，因為頭髮的顏色代表一個人活在地上的年數。耶穌好像知道除了地方以外，人們也會用別種方式起誓，所以祂繼續提出不可指著頭或其他身體部分起誓（五36）。不可指著身體起誓的原因，乃是因為起誓的人對於自己的身體並沒有絕對的掌控。換言之，除了一般的起誓以及指著某些地點的特殊起誓以外，現在人更進一步地指著自己的生命起誓，以辯護自己話語的真實性。這種進展顯示人運用一切方式以護衛自己的心態。藉著這些意象的談論，耶穌傳遞了一**個**重要的概念。這個重要概念表達一個正直有問題的人，如何想盡辦法來護衛自己言語的光景。當一個人覺得自己有必要如此激烈地護衛自己的正直時，他顯然已經大有問題了。其實指著自己的生命起誓，也無法使他的正直起死回生。但他卻認為努力與冗贅的話語是擔保正直的關鍵。在耶穌的心目中，這些人實在大錯特錯了。因為他們全然的努力已經向自己發出審判。五章37節的最後命令就是：是就說是，不是就說不是，不應該再多說。換言之，贅言並不等於誠實。耶穌的命令暗示絕對真理的存在，但耶穌所關切的並非哲學上的真理，而是如何造就誠實的人。更廣的上下文並不停留在起誓的行為上，而在起誓者的品格上。如同基納的觀察，至終耶穌所針對的不僅是我們的所行，並且是我們的所是。[93]

五章48節以「所以」一字為開始，為六個對比帶出結論。[94] 五章48節根據態度與關係定義「完全」，與膚淺的儀式表現或按常規行使的善行恰成反照。[95] 事實上，完全的觀念與因順服而產生的和諧人際關係以及屬靈的境界有關。總結來說，耶穌乃是說明天國公民將超越第一世紀的宗教導師，因為他們了解耶穌倫理教導所帶出的信息。耶穌的倫理觀來自正確的心態所產生的正確關係。既然耶穌是律法的賜予者，那麼，明白、順服、公義，以及完全，就在它們塑造信徒品格的個別功能上成為同義字了。

3. 省思與應用

當我們研讀所有的講論時，我們不僅必須思考這些講論對於耶穌的聽眾所具有的意義，同時也要觀察這些講論對於馬太的讀者（包括今日讀者）所產生的應用性。馬太讓我們看見，他的讀者羣不但在信仰羣體內掙扎，還必須面對由外部而來的挑戰。如同現今的時代一樣，舊約聖經的意義仍是信仰羣體爭辯的主要議題。到底舊約聖經對於今日信徒的倫理有何影響？馬太所面臨的挑戰更大，因為當時新約聖經的正典尚未形成。至少，由福音書的寫作我們知道馬太時代的人，雖然沒有新約聖經的正典，但他們仍然能夠蒙恩得救。然而，他們對於舊約聖經的律法必須徹底了解，如此他們才能將福音傳給猶太人與外邦人（參二十八18～20）。對於信仰羣體之外的人，馬太的信仰羣體必須確定他們所傳的福音，正確地代表耶穌基督的旨意。藉著耶穌的倫理教導，馬太希望能夠為耶穌對於律法與先知的詮釋樣本提供詮釋的範例。耶穌對於律法與／或先知的詮釋，代表天國的倫理觀。[96]

在這段經文的一開始，神的主權明顯展現在耶穌的教導上。

神掌管一切。從某方面來說，耶穌的教導一點也不新奇。神的王權，是舊約聖經所教導的絕對真理。每當以色列忘記神是王時，以色列就陷入嚴重的國家危機（例如士師記）。同樣地，神的王權凌駕在所有倫理行為之上，因為若不以神為王，所有的倫理行為與態度不可能產生。這種考量好似偏狹，但我們現在的討論與基督徒的倫理行為有關。即使在中國的文化中，一神的權威也在倫理上具有重要的涵義。「天」的觀念普遍見於中國的宗教信仰，為中國人提供了某種程度的道德意味。當這種理念消失時，不道德的風氣馬上隨之而來。到目前為止，我們看見兩個對於道德極端重要的道德範圍：歸榮耀與神（五16）和神的王權。這兩者應該成為所有天國倫理的驅動力。在耶穌的修辭中，神對於信徒生活的全面掌管清楚又響亮。舉例來說，耶穌以謀殺為辯證的開始，再以宗教、社會及法律上的各種關係為結束。耶穌也以婚姻為討論的開始，並以一般性的性純潔（已婚或未婚）為結束。耶穌特別以離婚為開始，而後以話語上的忠誠為結束。最後，耶穌以具體的逼迫個案為開始，並以愛所有的仇敵為結束。如此說來，信徒的生命的確流露出神的國度與神的掌權。

雖然我們論及神的掌權，但這些經文並不寬容信徒對於社會的消極參與。相反地，信徒的好行為應當像光一樣照在人前（五16），然而，這種好行為應當是生命的自然表現，而非刻意謀劃的結果。耶穌並不鼓勵信徒對於不公義之事完全視而不見。我們應該注意這些經文乃是教導信徒，讓政府的審判角色取代個人的報復行動。儘管我們並不以別人對我們的不公義為焦點，我們應該時常為別人所蒙受的不公義盡心竭力。這是耶穌的教導所為信徒帶出的平衡觀點。如果我們沒有將這段經文與登山寶訓的前面部分相連，那麼我們將在為社會尋求公義的行動上，扮演錯誤的被動角色。而愛正是這一切努力的驅動力量。

無論我們以何種角度思考天國公民的倫理，我們絕對不可僅以宗教的道德立場為惟一的進入。因為道德本身所具有的涵義有限。許多非基督徒認為基督教的信仰，只是教導一系列的道德規範，他們其實忽略了倫理所具有的末世涵義。基督教的信仰不僅關切基督徒的所行，並與基督徒的關係以及基督徒的所是密切關連。基督徒之所以活出合乎倫理的生活，乃是因為他們確知自己在神的救贖歷史中所佔有的地位。他們期待耶穌再來的未來盼望，使他們能夠心甘情願又喜樂滿足地活出好行為的生命。天國公民明白他們具有一位比世人更偉大的審判主。當登山寶訓與馬太福音的其他講論相連時，耶穌的再來成為基督徒倫理不可或缺的一部分。

耶穌至高無上的智慧教導，的確影響了當今基督徒對於愛的看法。我時常聽見有人說：「我們應當以愛，將人帶進天國裏。」但我們的愛與耶穌的典範，仍然相距甚遠。我們愛常是因為我們要達成某種可見與具體的結果。然而，耶穌向我們發出更大的挑戰。對於耶穌而言，我們愛因為我們是天國的公民。我們的身分與我們表現愛的本質相連。許多基督徒具有滿腦的知識，但他們的動機與表現的行為，卻反映出一種與耶穌的挑戰大不相同的屬靈生命。耶穌藉著如此無條件又絕對的用語陳述祂的倫理觀，為要我們重新思考自己所行的原因與動機。我們如此行乃是因為我們屬於祂，其他的動機都不能與之相比。

當我們嚴肅面對耶穌的教導與登山寶訓鄰近上下文的關連時，我們也看見必要的順服是禱告之前的重要預備。我們順服，因為耶穌無限地超越以利亞與摩西。耶穌是神的兒子。惟獨耶穌能夠以清楚、簡單、又具體的方式，表達神的旨意，以使祂的子民可以活出敬拜的生命。雖然禱告是敬拜的一部分，但信徒往往輕忽禱告的特權。主禱文對於集體禱告的強調尤其重要。[97] 主禱文預設禱告的信徒以合一的心志來到神面前。當信徒不將順服神當作一回事時，信徒不可能在禱告上合一。若按耶穌的指示而行，順服並非易事，因為順服必須在個人的利益與關係上付出極大的代價。自我省察應該是每日的生活規律。耶穌這一套倫理教導，力勸我們在集體禱告之前，更具內省與慎重的態度。耶穌要祂的跟隨者在行使任何宗教或生活責任之前，甘心樂意地作出行善的抉擇。祂希望祂的子民視關係為高度優先。與他人是否具有良好的關係，純是個人的選擇。天國公民必須不斷地抉擇，順服也是一種抉擇。順服不但先於合一的心志，順服更是合一心志的預備。

當我們分析由五章17節開始的經文段落所具有的神學涵義時，我們一方面必須小心不要使用保羅的神學觀解讀馬太的經文，另一方面還須謹慎不要勉強協調保羅與馬太的各自論點。[98] 有些釋經者甚至極端地認為，馬太論及暫時的倫理，而保羅則為教會提供永遠不變的倫理。[99] 馬太福音的上下文，與保羅寫作的上下文大大不同。因此，在兩者之間大量尋找相同的神學立場將是一種錯誤。當保羅論到律法已經過去時，他乃是根據聖靈的工作而指出律法功能的消逝。更確切地說，保羅的觀點乃是針對他的敵對者所提出的論證。沒有人可以確定保羅的神學理論從何開始，他的論證陳述又在何處結束。同樣的看法可以適用於耶穌的講論。當耶穌說：「莫想……」時，祂所帶出的對比形式，與拉比針對敵對者提出論證的方式極為相似。在這種方式之下，經文對於敵對者的聲音或看法的描述極為模糊。[100] 可見，記錄在馬太福音以及保羅書信中的陳述，一方面辯駁敵對者的某些論調，另一方面則支持寫作者的觀點。

當馬太記錄耶穌對於律法的教導時，他並沒有反對保羅教導的意味。保羅也不是針對耶穌或馬太的陳述提出修正。當然，信徒錯誤應用耶穌教導的可能性絕對存在。根據我們對於教會歷史的了解，一個非常真實又痛苦的事實明顯地呈現在我們眼前。這個事實就是，即使有些保羅書信已經被視為神的話語（彼後三15），但在馬太福音或保羅書信已經著述的時期，新約聖經的正典尚未被穩固建立。那麼，到底甚麼是馬太或保羅倫理觀的基礎呢？我們不可說他們的倫理觀根源於希臘的道德哲學。他們誠然以舊約聖經為倫理教導的根基。所以，神學的議題並不在於耶穌與保羅是否反對律法與先知。相反地，兩者都非常關切律法與先知究竟如何與新約（或「後－彌賽亞」〔post-messianic〕）時代的信徒相關。

除了有些經文所帶出的神學衝擊之外，詮釋的指引也成為中心的議題。六項對比的經文時常成為拘守律法的根據。由宣教的角度來看，清楚了解耶穌的教導亦非常重要。因為許多基督徒錯誤地讓非基督徒以為，基督教只不過是一個「應該作這些事，與不應該作那些事」的宗教而已。為了使教會能夠適當地與外界產生關連，教會必須首先正確地代表耶穌基督以及祂的信息。雖然這些對比具有無可否認的絕對性意味，但耶穌也超越謀殺、姦淫、離婚、起誓、報復，以及愛等範圍，為天國公民提供一般性的原則。所有的對比都以首要的主題為開始，隨後再帶出對比的詮釋。如此說來，忽略詮釋與首要主題之間的關係，而斷章取義地將詮釋部分作為生活應用，將造成釋經與應用的錯誤。有關謀殺的律法就是一個上好的例子。耶穌對於出埃及記二十章13節的複雜詮釋，精確地否定了耶穌禁止死刑的過分單純看法。持這種觀點的人完全忽略耶穌超越當時按字面意義並拘守律法的趨勢，因為祂其餘的討論都與態度及由態度而產生的言語有關。耶穌的詮釋暗示僅由字面意義應用經文，將全然錯失耶穌的教導。拘泥於字面意義或持相對主義，都不是詮釋經文的上好選擇。耶穌將律法的焦點，重新貫注在守律法者的動機之上。根據舊約聖經與許多古代近東法律之間的比較，舊約聖經可算是第一本充分探討內心動機的文獻。耶穌在新約的倫理上，保留舊約探討內心動機的傳統。如此說來，正確的動機總綱性地為義帶出定義。我們可以在此觀察，耶穌的教導如何間接地影響西方文化。西方法律制度的建立，將犯法者的動機視為審判的重要考慮。這種重視動機的制度，比一些以律法主義應用倫理的社會，來得更具人道主義的傾向。[101]

那麼，對於想要應用耶穌倫理教導的今日信徒而言，這些對比的重要意義何在？在許多例子中，我們看見今日詮釋者常全數照收將經文的每一部分應用在生活中；但事實上，有些經文僅屬次要應用。貝茨說的好：「就其本身而論，次要應用並沒有錯，因為它們毫無疑問引自經文；但我認為讀者必須了解登山寶訓之所以將這些議題放置一旁，乃是因為它的首要關切是倫理方面的議題。對於其他議題的應用……，讀者需要依照釋經原則而加以判斷。」[102] 主要的應用根基於耶穌時代的習俗與作法。而今日信徒的應用則與律法主義無關，而與耶穌教導的涵義有關。在每一個例子中，耶穌都以律法為討論的開始，然後再帶出更廣範圍的應用。耶穌的對比結構挑戰讀者在耶穌的原則界限內，探索其他具創意性的更廣應用。這六項對比僅是耶穌設立的模型，為使讀者學習了解以及應用律法的原則。它們成為代表順服之一般原則的範例（五17～20）。耶穌的對比由具體特定的例子進入一般性的討論，好像挑戰讀者將原則廣泛地應用在其他關係上。同時，耶穌由問題的徵狀轉向原因的探討，似乎要求讀者，由膚淺的外表進入內心幽深黑暗的角落。耶穌所提供的原則不僅關切義的表現，更重視關係與態度是否正確。每一位願意接受耶穌挑戰的讀者，都將在天國中被稱為大。他的義絕對可以勝過耶穌時代的文士。[103] 他的成熟也將表現天父的完全。布魯斯如此評論：「神是祂的眾兒子，一心要仿效的對象」。[104]

天國公民要像天父一樣完全，常是基督徒辯論的熱門議題。我們如何達到完全的境界呢？如同前述，此處所提及的完全與律法上的完全無關，而與人的成熟與和諧有關。我們必須看重關係上的義。[105] 成熟與和諧的觀念，則出現在與神或與人之關係的討論中。在這種情況下，完全並非所謂的「毫無瑕疵」，反倒與達成一個人所設立之目標較為相關。[106] 這段經文的主要目標，乃是要天國公民超越宗教領袖的義。如果天國公民了解並實行八福以及在世上「為鹽與為光」的原則，那麼他必定達到天國公民（或鹽與光）存在的目標。天父所特具的義，也將成為天國公民的標誌。換言之，我們應該將義的標準擺在我們面前，並且以生命見證神的榮耀。如此，我們將完全像天父完全一樣。

關於舊約聖經，一般人傾向兩種極端的看法。事實上，這些極端看法也可能適用於整本聖經。第一種極端看法建議對於舊約聖經或新約聖經，採眾生復位論（form of restoration / restorationism）的看法。這種看法在教會歷史黑暗與不滿的時期特別常見。雖然持這種看法的人具有良好的意圖，但這些眾生復位論的支持者（restorationist），完全忽略隱藏在舊約或新約命令背後的作者用意。[107] 第二種極端看法則持道德並非絕對的觀點，這不啻是後現代的時代特性。[108]

在這段省思中，我們兼顧地討論了神學與關係的議題。現在我們應當觀察兩者之間的相關性。福音派基督教會可能在神學立場上十分正統。然而，極為不幸地，許多這種教會的正統信徒從來不思考神學理論的關係層面。在努力護衛神的真理時，福音派教會有時會忘記自己身為世界的行善者之角色。極反諷地，福音派對於正統教義的固守，並沒有改善她與人的關係。在不斷的掙扎中，她的對話與態度並沒有被自我控制與愛所掌管。雖然我們的人際關係觸礁，但我們仍然努力不懈並堅持到底地保存重要的信仰命題，以確定信仰教義不致走偏。以個人信徒為例，有些人在高升為基督教領袖之後，反而更顯出人際關係方面的缺失。有時，最不造就人的話語或事情竟然出現在領袖會議中。另一些基督徒，甚至無法與教會的弟兄姊妹融洽相處。教會不但不像神的家庭一樣充滿愛，反而成為一團失去功能的混亂羣眾。許多基督徒家庭的婚姻也缺乏穩定性。在教會中，有許多夫妻沒有按照基督愛教會的典範來建造婚姻。因此，失敗的婚姻不再是教會外的家庭悲劇，如今也成為教會內愈來愈普遍的現象。然而，耶穌並不以錯誤的極端二分法，將信仰教義與信仰實踐勉強劃分。雖然耶穌以神學陳述為教導的開始，但祂很快就使用實際的人際關係，為概念性的神學陳述帶出具體定義。耶穌讓我們看見，正確的神學僅能經由正確的關係徹底表達。愈偉大的信仰教義，應該愈能帶出良好的關係。

這段經文帶出許多絕對道德的教導，對於涵具相對價值觀的後現代世代尤其重要。極引人注意地，耶穌挑選兩項最絕對的命令開始對比的討論。所有的人類社會都設立禁止謀殺他人與犯姦淫的法律。然而，今日有些道德日趨敗壞的社會，已經向這兩條最絕對的禁令發出挑戰。可幸地，沒有一個正常的人願意被別人謀殺。更進一步地，也沒有一個正常的人願意別人與自己的妻子發生姦淫的行為。這些法律所針對的問題，與人類最基本的尊嚴有關。即使在一個主張相對主義的社會中，這些法律也完全不容挑戰。雖然拒絕道德的絕對性，但人類仍然渴望人際關係的界限與安全感。耶穌藉著教義與關係的連結，為倫理教導建立穩固的基礎；適合歷世歷代的門徒在任何情況下加以應用與實踐。如果我們能夠超越律法主義的心態來遵行耶穌的教導，並且更深入觀察教導的原則，那麼我們就明白甚麼樣的社會才合乎神的心意。當人熱切盼望良好的關係時，耶穌的教導為社會提供典範與指引。天國就是神的新社會。教會必須勇敢宣講耶穌的倫理觀，並活出新生命的見證。

耶穌對於婚姻與姦淫的教導值得我們深思，因為耶穌所針對的議題非常適切現代人的關切。在這個重新定義婚姻的世代，耶穌的教導為我們提供明確的指引。雖然羅馬社會對於同性戀有不同的看法，耶穌仍勇敢地根據異性關係來定義婚姻的本質。藉著婚姻我們可以展現我們的義，的確超過耶穌時代的宗教領袖。我們的婚姻與性純潔是天國公民身分的表彰。性純潔同等重要，因為在討論結婚與離婚之前，耶穌根據性的觀念帶出姦淫的討論。耶穌的討論次序，顯示極為重要的倫理涵義。

姑且不論對錯，許多宗教宣講性的屬靈涵義。或許，性的提出使某些人覺得尷尬，因此，許多福音派基督徒全然躲避這個重要議題的討論。[109] 耶穌的教導讓我們看見，性具有超越肉體的屬靈層面；祂的教導與今日媒體對於性的描繪完全相反。許多公立學校的性教育，也以身體的構造與生理的技巧為教導的焦點。它們毫不重視性的屬靈根基，因此繼續導致現代年輕人在社交關係上的失敗。穩健的屬靈根基，是健康性行為與生活的不可或缺。我們也注意到耶穌沒有將討論的焦點，放在男人與女人之間的性行為。換言之，有些基要派基督徒可能錯以為肉體的性行為是不好的。其實，耶穌容讓以婚姻連結的夫妻盡情享受自由的性行為。耶穌並沒有針對婚姻關係所許可的性行為提出討論，祂以全面的屬靈原則為教導的焦點。只要屬靈的根基設立穩當，耶穌所帶出的教導應該鼓勵教會與基督徒家庭，在一種公開與健康的方式之下正視並且討論性的議題。對於性的害怕與難堪，只會導致不良關係的產生。相反地，健康的性觀念可以建立健康的婚姻。屬靈與肉體的平衡生活，將為婚姻關係帶來安全的保障。

耶穌對於性的教導，是今日表彰性自由之電子世代迫切需要的。性的影像不僅在電視或電影的螢幕上轉瞬掠過，更全面滲透電腦網路。在許多地方，不恰當的性行為潛伏著嚴重的危機。從總統到青少年，不當的性行為已經不再是羞恥或令人震驚的事了。耶穌的教導，直接打擊今日社會對於性行為的放縱。耶穌為人的眼睛與雙手設下極嚴格的原則，提醒人避免在不道德之事的觀看與參與上有分。如果我們不看，我們就可以不作。在這個混亂搖動的時代中，基督徒應當更加儆醒。

起誓的教導並不僅限於起誓本身，它與我們如何說話有關。在許多文明社會中，人的生活變得異常忙碌，以至於他們不再有時間思考口中所發出的言語。多少時候，我們聽見有人說：「我稍後打電話給你」，卻從來沒有接到說話者的電話。說出的話或寫下的字，再也不代表任何意義。如同古代的口頭立約一樣，今日書寫的立約同樣出現問題。近來許多明星運動員屢次違反書寫合同的作為，更使書寫文字的效力受到質疑。無論是律師或表面的細文規定，都無法改善人與人之間的關係。身為基督徒，我們應當學習停佇片刻並思想自己的所言。耶穌教導我們，是就說是，不是就說不是，務必誠實表達自己的意思。如果我們不能在言語上誠實相待，那麼，彼此的信任將從社會或教會中消失。現在，我們必須向更多的言詞負責，因為口頭與書寫的溝通同是當今時代的特徵。在應用耶穌有關話語的教導時，今日文字印刷的普遍，使我們對於自己的言詞不得不更加謹慎。不論我們使用哪一種溝通形式，當我們忽略誠實的重要性時，教會的獨特性就不再存在。她變得與世界一樣，虛有其表並且不誠實。

另一個值得省思的重要主題，應該是馬太對於政府權威的辯證。基督徒對於政府的看法時常具有偏差。有些人視政府為完全邪惡，有些人又視政府為完全美善。正確的看法應該介於兩個極端之間。馬太福音中的政府，一方面扮演壓制耶穌（二十六47，二十七11～26、62～65等 ）與基督徒的角色（十16～18），另一方面卻扮演公義審判者的角色（五22）。[110] 耶穌生活在一個隨時可能與政府發生緊張關係的時代，但祂對於政府的看法並沒有完全幻滅。所以，當政府的法律與神的公義一致時，基督徒應當順服政府。惟當政府無法伸張公義時，基督徒才可以對政府持負面看法。雖然身處在不完全的體制中，天國公民仍不可僅為自己爭取個人權益，他必須在決定的過程中，以天國的眼光為依歸。

一個人活得愈久，他的各種關係也變得愈複雜。許多時候，甚至多年老友都可能出現不同程度的問題。有些人莫名奇妙地與無辜的天國公民反目成仇。這種現象也發生於在基督裏的弟兄姊妹之間。人的耐性會缺乏，人的饒恕也有極限。在現世的生活中，有些關係上的問題將永遠沒有答案。已故的德蘭修女（Mother Teresa，另譯「德雷莎」）為這種難題提供一種健康的看法：「人通常都是不合理、不合邏輯，並且以自我為中心的；饒恕他們吧。如果你對人和善，人們可能控告你自私又別有用心；仍然對人和善吧。如果你非常成功，你將會贏得一些虛假的朋友與真實的敵人；還是成功吧。如果你誠實又坦白，人們可能欺騙你；仍然保持你的誠實與坦白吧。你花費多年的建造成果，可能在一夜之間被他人毀滅；還是建造吧。如果你發現寧靜與快樂，他們可能會嫉妒；但仍然快樂吧。你今日所行的善事，明日就被人遺忘；還是行善吧。將你最好的獻給這個世界，雖然這個世界可能永遠不滿意；但還是將你最好的獻給這個世界吧。你看，最終來說，一切都在於你與神之間的關係；而不是你與他們之間的關係。」[111] 保持天國的眼光，是消除成熟基督徒憤世嫉俗的最佳良方。

如此說來，對於歷世歷代的信徒而言，這六項對比到底具有甚麼意義？耶穌嘗試掙斷仇恨、不忠誠、以及報復的邪惡循環。陷於這些惡性循環的今日讀者，應該學習解開這些枷鎖。如此，天國公民所生活的信仰羣體，才能對於這些邪惡循環進行徹底的毀滅。天父的完全必將邪惡粉碎淨盡。

4. 問題思考

- 耶穌以何種具體方式確認並且成全律法？
- 我們如何協調耶穌與保羅對於律法的陳述？
- 耶穌對於律法的陳述具有哪些倫理涵義？
- 根據耶穌，人們使用哪些正確或錯誤的方式順服律法？
- 哪些是連結耶穌六項對比的指引原則？
- 對比的出現次序如何將耶穌的信息傳遞給讀者？
- 耶穌的倫理觀如何挑戰相對主義？
- 天國公民應當如何超越耶穌時代的宗教領袖所具有的義？
- 在有關姦淫的教導中，耶穌如何校正當時人對於性的雙重標準？
- 耶穌的教導如何修正我們對於政府的看法？

- 為甚麼有關起誓的討論不局限於起誓的行動而已？
- 我們如何在放棄個人公義與報復的行動中，協調我們對於社會公義的努力？
- 這六項對比的各自情境，如何幫助你了解耶穌的教導？
- 在登山寶訓之外，還有哪些愛的理由?
- 天國公民應該採取何種理智與屬靈的定位？
- 為了使自己能夠更合乎耶穌的理想，你認為你在哪方面需要重新調整？
- 登山寶訓的哪一方面最具挑戰性？

註 釋：

1 本書的研究清楚區分集體與個人的應用，因為馬太對於複數與單數第二人稱的使用，具有一貫性的模式（即英文與中文代名詞的翻譯）。此種區分極為重要，因為在耶穌的社會中，個人的身分與羣體的身分緊密相連。我認為馬利納（B. J. Malina）及其同仁所推廣的「象徵世界」概念（symbolic universe），對於經文的了解極有幫助。在登山寶訓中，馬太藉著他對於代名詞的複數或集體用法，創造自己的象徵世界。馬利納的模型預設人與人之間的關係，是地中海社會不可或缺的重要元素。耶穌在登山寶訓中對於關係多有討論。我必須承認，馬利納的模型對於登山寶訓的理解十分適用。有關馬利納理論的解釋，參 Malina, *The Social World*, pp.21～30。然而，我並不同意他對我們的職責乃在於認同而非詮釋的說法。不論我們對耶穌時代的事物有多少程度的認同或反對，我們都已經表現我們對於經文的詮釋。中性的看法是一種幻象。不過，馬利納對於個人主義的西方詮釋模型所提出的嚴峻警告，值得我們慎重思考。

2 在參照理德博斯（H. Ridderbos）的詮釋之下，馬有藻：《天國近了——馬太福音詮釋》，頁61 似乎錯失了登山寶訓的重點，他認為登山寶訓的角色在於呼召人「進入神的國度」。但整體的身分似乎指出，這些人「已經」在神的國度中。最初的得救並不是耶穌在登山寶訓的焦點。

3 六章19節的第二人稱具複數形態，含有重要意義。因為它包含所有的耶穌跟隨者，沒有一個人是例外。不論是窮人或富人，所有的耶穌跟隨者都必須具有相同的價值觀。社會階級並不是這節經文的關注，屬靈身分才是耶穌的焦點。

4 Robert Gundry, *Matthew* (Grand Rapids: Eerdmans, 1982), p.75 更進一步討論，馬太如何在鹽的暗喻中，使用馬可福音及路加福音的內容。與路加福音的關連幾乎不可能，因為有關鹽的討論與路加福音的平原講論一點也不平行，正如貝茨所指（Betz, *Sermon on the Mount*, p.158），如果我們將其視為，耶穌在不同的情況中以不同的方式，使用極為平常的相同暗喻；而符類福音的作者剛巧將不同的事件記錄起來；這種看法不是更容易明白嗎？

5 馬有藻：《天國近了——馬太福音詮釋》，頁66，引用彭特科（J. D. Pentecost），認為鹽會使人渴慕天國。彭特科的詮釋顯然遠超經文與上下文的界限。另外一些學者，諸如 Morgan, *Matthew*, p.49、Morris, *The Gospel According to Matthew*, p.104、Harrington, *The Gospel of Matthew*, p.80，以及 Blomberg, Matthew, p.102，將鹽的意義延伸至防腐的功能。有關不同意義的研究，參 Allison, Studies in Matthew, pp.472～473。Betz, *Sermon on the Mount*, p.159 將五章13節譯為如下：「如果鹽失了味，人將用甚麼調鹹味呢？」這種翻譯方式容許防腐功能的存在，但這並不是惟一的選擇。更有可能的是，俄利根（Origen）對於鹽的了解，因為他至少部分帶出經文所代表的含意。參 Oden (ed.), *Ancient Christian Commentary on Scripture*, p.92。翻譯的選擇，介於防腐及調味的兩種功能之間。許多翻譯偏向鹹味，而非防腐的意義。

6 Allison, *Studies in Matthew*, p.473 論及鹽可能因為不夠純淨而失味。他的資料來源出自 Pliny, *Nat. hist*. 31.82。這種看法的證據，也可能來自死海地區。然而，純淨似乎與善行不相符合。Stott, *Message*, p.58 根據當時的背景，而支持鹽具有防腐功能的看法。

7 在諸多的釋經學者中，很少人像貝茨一樣，Betz, *Sermon on the Mount*, p.159 確實看出這個修辭的不可能性及戲劇性。注目於化學變質的詮釋，並沒有將馬太暗喻的模糊性列入考慮。更確切地說，當時的讀者如何可能了解化學呢？

8 Stott, *Message*, p.59 錯誤地認為，味道的解釋與使世界更得神的喜歡有關。相反地，鹽會使世界更得會品味與判斷的人之喜歡。

9 這種情況被稱為「第三類」（third class）情況，表示這種情況是否實踐的不確定性。有關這方面的極佳討論，參 Wallace, *Greek Grammar*, p.696。

10 Keener, *A Commentary on the Gospel of Matthew*, p.174 亦由聖經與典外的猶太文獻，提供一系列的可能旁徵。這些旁徵指出以色列為光的角色。

11 *Matthew*, p.123.

12 相異看法，參 Morris, *The Gospel According to Matthew*, pp.104, 106. 因為信徒的確由耶穌那裏接受光，所以莫理斯的神學看法合乎聖經，但他必須預設耶穌了解祂的聆聽者已經知道約翰福音九章5節的講論及背景，如此，莫理斯的看法才可站立得穩。但經嚴肅的考慮，這種可能性實在微乎其微。更確切地說，他視這段經文與約翰福音八章12節，九章5節之間的關連，可說是完全不相關的觀察。光的暗喻是一個自成一格的獨立單元，並不需要借用約翰的寫作來詮釋。Blomberg, *Matthew*, p.103 也認為，信徒是世界之光的反映，因為耶穌是光。然而，這種看法並不正確，因為信徒並不是光的反映，他們就是光。

13 人稱代名詞在此處轉變為單數的「你」，顯示這個羣體中的個人，需要有與神的旨意相稱的個人化屬靈眼光。

14 Stott, *Message*, p.59 嘗試將此視為鹽的防腐功能，但好行為不是應該較能讓這個世界變成一個更好的地方嗎（即具有鹽應有的味道）？不過，這兩種可能的解釋，都各有不同的釋經者偏好。

15 Allison, *Studies in Matthew*, p.475 注意到，此種詮釋來自馮拉德（Gerhard von Rad）的觀點。基納也持這種看法（Keener, *A Commentary on the Gospel of Matthew*, p.174）。這些選擇將城市視為耶路撒冷旁徵的學者，將經文視為耶穌向以色列國發出的挑戰，即以色列國具有讓鄰邦國家看見的責任。同樣地，教會現在必須接管這個信仰見證的重要角色，以向外邦人傳福音。

16 相似看法，參 Lloyd-Jones, *Studies in the Sermon on the Mount* (vol. 1), pp.153～154; Morris, *The Gospel According to Matthew*, p.104。

17 相異看法，參 Lloyd-Jones, *Studies in the Sermon on the Mount* (vol. 1), p.155 認為，耶穌乃以個人為強調。基於經文顯示的集體性用語，這種看法並不準確。當然，個人的層面的確蘊含在集體中，但經文讓我們看見，耶穌所強調的並非個人。在他對於尼布爾（Richard Niebuhr）的《基督與文化》（*Christ and Culture*）一書的評論中，Craig A. Carter, *Rethinking Christ and Culture* (Grand Rapids: Brazos, 2006), p.181 正確地指出，登山寶訓有許多部分是「基督改變文化」（Christ transforming culture）。這段觀察就是最好的例證。有關基督、文化，以及三位一體之間的關係，參 Richard Niebuhr, *Christ and Culture* (New York: Harper, 2001)。

18 我們注意到，五章16節中的「你們的父」具第二人稱複數形態。可見，神並不僅是個人的父親，祂更是整個教會的父親。在馬太福音中，神是個人父親的強調只用於耶穌基督的身上（例如三17，四6）。約瑟被視為馬利亞的丈夫。更確切地說，耶穌僅在極為少見的情況中，談論天國公民與天父的個人關係（例如六6）。這種例外，只出現於個人禱告的討論中。因此，有關神是父親的最重要概念表現於整體的層面，而不在於個人的基督徒生活。

19 Keener, *A Commentary on the Gospel of Matthew*, p.172 指出，如同《以諾一書》（1 Enoch）的非聖經猶太寫作，亦有類似的修辭出現。參 1 Enoch 99.2，108.10。這個觀察極為寶貴，它顯示耶穌所使用的修辭策略，在當時已經普為人知。因此，耶穌的聽眾了解祂的講論。

20 較為全備的記錄，參 M. James Sawyer, *Charles Augustus Briggs and the Tension in the Late Nineteenth-Century American Theology* (Pittsburg: Mellon University Press, 1994); Martin Marty, *Modern American Religion, Vol. 1: the Irony of It All, 1893-1919* (Chicago: University of Chicago Press, 1987)。索耶（M. J. Sawyer）與馬蒂（M. Marty）皆指出，這些福音派知識分子在使用今日用語辯護自己的神學立場時，並不比他們自由派的對手來得更高明。

21 Lloyd-Jones, *Studies in the Sermon on the Mount* (vol. 1), p.149.

22 Keener, *The Bible Background Commentary*, p.57.

23 參 Allison, *Studies in Matthew,* pp.522～530。一些平行的觀察可見於 Job 31.1; T. Iss. 7.2; Ps. So. 4.4～6; T. Benj. 8.2；以及Philo *Decal*. 92。

24 Allison, *Studies in Matthew*, p.486 並不持這種看法，他認為這節經文具有末世應驗的涵義。當然，末世是一個極好的神學選擇。但若將這個講論視為智慧的教導，那麼，末世就成為修辭策略的工具而非目標。

25 Donald Hagner, *Matthew 1-13* (WBC; Waco: Word, 1993), p.106.

26 例如，Green, *Matthew*, p.70; Dale C. Allison, Jr., *The New Moses: A Matthean Typology* (Minneapolis: Fortress, 1993), pp.172～207。阿利森（Dale C. Allison, Jr.）有關新摩西的作品極為複雜，因為他不但指出馬太使用摩西預表耶穌，並且批評當時宗教領袖不遵循摩西的傳統。阿利森有關新摩西的研究，可以幫助我們聯想馬太的寫作用意。

27 相同看法，參 Stott, *Message*, p.75。

28 Betz, *Sermon on the Mount*, p.176.

29 Gundry, *Matthew*, p.81.

30 即 “ἵστημι / δέω” 。

31 即“κενόω” 。

32 Morris, *The Gospel According to Matthew*, p.108. Allison, *Studies in Matthew*,

p.209 藉著與金律（七12）的關連，將這六個對比視為摩西五經（Torah）的摘要。

33 相反看法，參 Lloyd-Jones, *Studies in the Sermon on the Mount* (vol. 1), p.189。

34 Lloyd-Jones, *Studies in the Sermon on the Mount* (vol. 1), p.186 依循類似的邏輯思考，但卻獲得極為有趣的結論。他認為，耶穌乃是成全對於律法的一般性教導。如此說來，耶穌成為一個道德上的典範。然而，當鍾馬田論及對比時，他的詮釋不再適用。因為，對比的討論並不在說明耶穌已經成全的道德義務。因此這種理解不具任何意義。

35 相似看法，參 Graham Stanton, *A Gospel for a New People: Studies in Matthew* (Louisville: WJKP, 1993), p.49，書中認為，馬太的主要議題是律法與道德的問題，而不是向猶太人傳福音的問題。

36 Keener, *A Commentary on the Gospel of Matthew*, p.177 以教父時期的早期例子，指出當時猶太人控告教會反對律法的事實（Justin *Dial*. 10; b. Shab. 31a; Ex. Rab. 47.1）。

37 Morris, *The Gospel According to Matthew*, p.110.

38 Jack D. Kingsbury, *Matthew as Story* (Philadelphia: Fortress, 1988), p.112 將登山寶訓的其餘部分，視為對於鄰舍的公義（五17～45）、在神面前的公義（六1～18）、生命其他部分的公義（六19～七12），以及行義的命令（七13～27）。這種解讀是可能的。然而，如果我們要將五章3至20節視為解讀整篇登山寶訓的大引言，我認為這六個對比將五章20節保留在第五章的經文範圍中。六章1節對於「義」一字的重複使用，暗示它與五章20節之間的關連。

39 Stott, *Message*, p.75.

40 「公義教師」（The Teacher of Righteousness）這位人物可見於死海古卷，最主要出現於〈大馬士革文獻〉（Damascus Document, CD）。〈大馬士革文獻〉簡要說明昆蘭社區的起源，並且提及「神將為他們興起一位公義之師，以神的心意引導神的子民」（CD 1:9～11）。〈大馬士革文獻〉宣稱，這位公義之師對於摩西五經具有正確的了解；神將藉他向自己的子民羣體顯明心意（CD 3:12～15）。他也被視為由神默示的先知詮釋者。神向他顯明先知話語的所有奧祕（1QpHab 7:5）。

41 有些抄本（例如 D、W、L等）有「沒有理由」的記載，反映教會嘗試減輕耶穌禁止向弟兄動怒的教導。

42 我使用「懷藏的怒氣」，因為希臘文的「凡向弟兄動怒的」一詞，為現在時態的被動分詞，意含一種被冤枉所導致的持續過程。因此，問題並不在於怒氣本身，而在於懷藏的怒氣。這種教導與保羅在以弗所書四章26至27節的教導符合一致。懷藏的怒氣終將導致諸如罵弟兄是拉加或魔利，甚或更嚴重之話語的行動。

43 有關討論，參 Keener, *A Commentary on the Gospel of Matthew*, p.184, n.71。

44 「地獄的火」是一種暗喻用法，採自堆積垃圾的地方。在堆積垃圾的地方，有永遠不滅的火焚燒著沒有生命的東西。這個地方被稱為欣嫩子谷，坐落在耶路撒冷的西南邊。它具有悲慘的歷史，因為在舊約聖經中它曾經是將人獻為祭的地方（耶七31，十九5～6），而在天啟文獻中，它則代表神刑罰的地方（1 Enoch 27.2；90.26）。參 NET。同一字出現於五章30節，代表嚴重的審判。

45 相反看法，參 Keener, *A Commentary on the Gospel of Matthew*, p.184，將公會視為神的法庭之暗喻。在新約聖經的其他部分，這種暗喻的觀念並不明顯（徒五27，六15等）。最好將公會視為人的法庭（參五25）。

46 回想居普良（Cyprian）的詮釋，參 Allison, *Studies in Matthew*, pp.65～78，提供一種極為複雜的詮釋方式，他認為仇恨、謀殺，以及祭壇的全部教導，都與創世記該隱與亞伯的故事互有關連（創四章）。

47 將所有對比的類比解讀為修辭的誇張語句，將幫助我們更多了解真正的真理。

48 Paul Hegner, *The Three Biblical Altar Laws: Developments in the Sacrificial Cult in Practice and Theology* (ZAW 279; Berlin: Walter De Gruyter, 1999), pp.365, 386.

49 「惡人」一詞，在別處的經文中（例如六13）具有撒但的意思。但由上下文來看（五39～42），此處的「惡人」，應指壓迫天國公民的敵人。不幸地，《英王詹姆斯譯本》（KJV）將「惡」（五39）譯為中性，暗示基督徒不應該與邪惡作對的涵義。

50 Betz, *Sermon on the Mount*, p.280. 這也是為甚麼貝茨將「作對」（五39）譯作「反抗」的原因了。五章39節並非指自衛的行動，而是指反抗的行動。

51 「你」屬單數形態，表示這段經文強調個人的應用。

52 Keener, *A Commentary on the Gospel of Matthew*, p.198.

53 Betz, *Sermon on the Mount*, pp.297～298，在耶穌有關如何面對敵人的教導方面，貝茨為我們提供一份頗長的早期教會列表（除了新約聖經以外）；其中包含2 Clem. 13.4; Justin Dial; 85.7, Apol. 1.15.9; Ps.-Clem. Hom. 12.32.1; Did. 1.3。

54 Richard Wallace & Wynne Williams, *The Three Worlds of Paul of Tarsus* (London: Routledge, 1998), p.27。

55 Keener, *A Commentary on the Gospel of Matthew*, p.199; Betz, *Sermon on the*

Mount, p.291. 這種作法在波斯時代即可見。本研究不太願意使用拉比的資料，因為它具有年代錯誤的高度可能性。基納的釋經書包含許多這方面的資料，可供有興趣的讀者參考。

56 Stokey, *Jesus and Politics*, p.154.

57 以政治的或後殖民的角度（political or postcolonial）詮釋耶穌在此的教導，可以為我們帶出一些有助的觀察。恨仇敵的觀念是否源自羅馬文化？在死海古卷中，1 QS 1.4容讓以色列人恨那些「非選民」。參 Betz, *Sermon on the Mount*, p.304。如此說來，在猶太人的羣體中，如此詮釋利未記十九章18節（即，當愛你的鄰舍，恨你的仇敵），早有先例存在。貝茨也引用其他例子，顯示放寬利未記十九章18節之教導的普遍情緒。

58 David Flusser, "The Decalogue in the New Testament," in Ben-Zion Segal (ed.), *The Ten Commandments in History and Tradition* (Jerusalem: Magnes, 1990), pp.232～236.

59 Harrington, *The Gospel of Matthew*, p.89.

60 耶穌之所以引用稅吏及外邦人，乃是因為一般都同意他們不是義人。但即使這些不義的人，他們也具有某種程度的道德觀念。耶穌乃是說，就是最糟糕的罪人也知道愛自己的弟兄。所以，如果天國公民愛自己的弟兄，那又有甚麼特別呢？但愛仇敵，就不是一件簡單的事了。

61 馬太福音對於外邦人具有負面的看法，因為許多非猶太人具有明顯可見的腐敗價值觀。因此，馬太也倡導對外邦人有系統的傳福音。這些外邦人需要幫助。參 Warren Carter, "Matthew and the Gentiles: Individual Conversion and / or Systemic Transformation?" in *JSNT* 26 (2004), pp.259～282，沃倫（C. Warren）以系統化的社會更新為焦點。當然，整體性的傳福音，並不否認個人傳福音的責任。

62 相似看法，參 Harrington, *The Gospel of Matthew*, p.91。

63 deSilva, *Honor, Patronage, Kinship & Purity*, p.146 帶出一個極為有趣的建議，他認為神的恩典，使神成為照顧祂所揀選之人的施恩者。信徒應該成為與神一樣的施恩者，甚至對於不可愛的人，信徒都應該愛他們。

64 我不同意貝茨的看法（Betz, *Sermon on the Mount*, p.233），認為姦淫並非道德議題，而是使丈夫的地位受到侵害的問題。事實上，道德的議題可以遠溯至舊約聖經。如果耶穌時代的社會只關切丈夫的尊嚴，那麼，耶穌絕對會將這個議題帶回道德的範疇內，並且要男人負起責任。

65 Thomas A. J. McGinn, *Prostitution, Sexuality and the Law in Ancient Rome*

(Oxford: Oxford University Press, 2003), pp.8, 129, 178.

66 McGinn, *Prostitution, Sexuality and the Law in Ancient Rome*, p.129.

67 類似的猶太人看法，參 Keener, *A Commentary on the Gospel of Matthew*, p.186 (Tes. Iss. 7.2; Reub. 4.8; b. Nid. 13b etc.)。耶穌同意當時人對於家庭的詮釋，祂也鼓勵祂的聆聽者接納這種觀點。

68 Otto Kiefer, *Sexual Life in Ancient Rome* (New York: Dorset, 1993), p.151.

69 參 Susan Treggiari, *Roman Marriage* (Oxford: Clarendon, 1993), pp.299～309。有關羅馬婚外關係，參 Kiefer, *Sexual Life*。有關道德上的平等地位，特別可參 Cynthia Long Westfall, "Family in the Gospels and Acts," in Richard S. Hess, M. Daniel Carroll R. (eds.), *Family in the Bible* (Grand Rapids: Baker, 2003), p.130。

70 「看」的現在時態，代表持續的行動，以及與行動有關的色欲態度。看的動作，使態度不得隱藏。同樣地，眼睛表現人的內心深處。

71 John R. Clarke, *Looking at Lovemaking: Constructions of Sexuality in Roman Art 100 B.C.–A.D. 250* (Berkeley: University of California Press, 1998).

72 有關右手的象徵性功能，參 Betz, *Sermon on the Mount*, p.237, n.331。右手確實是一種修辭的寫作技巧，具有強烈的象徵性涵義。

73 Treggiari, *Roman Marriage*, p.462.

74 參 Susan Treggiari, "Divorce Roman Style: How Easy and How Frequent It?" in Beryl Rawson (ed.). *Marriage, Divorce, and Children in Ancient Rome* (Oxford: Clarendon, 1996), pp.31～46。

75 Gundry, *Matthew*, p.89.

76 Betz, *Sermon on the Mount*, p.247; Bock & Herrick, *Jesus in Context*, p.85. 在許多例案中，羅馬女人提出離婚所遭受的輕視，顯然比她的男性配偶來得更嚴重。參 Treggiari, *Roman Marriage*, p.472。

77 有關羅馬人離婚的發展與各種原因，參 Treggiari, *Roman Marriage*, pp.441～447。

78 約翰福音八章有關姦淫婦人的經文，仍是許多學者爭辯的議題。因為有關手抄本的辯論，而使學者對於這段經文是出自約翰或其他作者的討論仍然無法一致。不論學者的結論為何，我們可以確定這種作法在耶穌的時代應當相當普遍。

79 Morris, *The Gospel According to Matthew*, p.121. 由其他的文獻中引用證據，例如，較後期的〈米示拿〉（Mishnah）以及較早期的昆蘭（Qumran）文獻，

來支持當時以離婚而非用石頭打死姦淫婦女的解決方式。

80 如果我們將例外的情況當作再婚的許可，並且把其他部分放在一起視為一個概念，那麼，再婚是可能的。換言之，除非休書證明她沒有任何違反道德的行為，我們可以說任何一個與離婚婦人結婚的男人都犯了姦淫罪。如此說來，沒有犯任何罪而被休的離婚婦人可以再婚。根據第一世紀的背景，姦淫與不道德之間具有區分的必要。姦淫是在婚姻的結合之外行使性行為。而不道德則與找娼妓（在希臘文中，不道德一字，由娼妓一字衍生而來）或找情婦有關。這種「不道德」的行為是羅馬男人極為普遍的生活方式。如果性的習慣侵害了婚姻，那麼離婚就被允准。一般來說，姦淫就是一種「不道德」的行為。

81 我們不確定天國的婚姻為何如此，或許這種觀念源自創世記一章27節。在創世記中，婚姻的連結反映神的形像。以弗所書五章22至23節也以相同的觀念，提出有關婚姻的討論。

82 Bock & Herrick, *Jesus in Context*, p.86 含有約瑟夫（Josephus）對於愛色尼派避免起誓，所作的詳細描述。

83 由方法論的角度來看，我們應該留心觀察作者的暗示。當作者在六個對比的既定格式中稍做變化時（例如五31或五33），仔細的讀者可以看見，作者刻意中斷對比組羣的文學「記號」。

84 相異看法，參 Allison, *Studies in Matthew*, p.182，經由文法的觀察，將六個對比分為兩組，每組各具三個對比。雖然這種三個對比為一組的結構看法，在最近研究馬太福音的學術界極受重視，但尚有其他方面的文法建構，可以使這種看法無法成立。有關三個對比為一組的結構看法，參 Glen H. Strassen, "The Fourteen Triads in the Sermon on the Mount (Matt. 5.21-7.12)," in *JBL* 122 (2003), pp.267～308.

85 這種看法與斯克特的建議不同（Strecker, *The Sermon on the Mount*, p.77），認為起誓應該被視為，對比討論的第二部分。

86 Bock & Herrick, *Jesus in Context*, p.13.

87 有關口述傳統與文本研究，參閱我的文章，"Are We 'Misreading' Paul?: Oral Phenomenon and Implications on Exegesis of Paul's Letters,"《建道學刊》26 (2006), 25～54; L. Alexander, "The Living Voice: Scepticism towards the Written Word in Early Christianity and in Graeco-Roman Texts," in D. J. A. Clines et al (eds), *The Bible in Three Dimensions* (JSOTSup, 87; Sheffield: JSOT, 1990), pp.221～247。F. Gerald Downing, *Doing Things with Words in the First Century* (JSNTSup,

200; Sheffield: Sheffield Academic Press, 2000) 亦提供涵義豐富的研究。

88 在耶穌時代有關起誓的特有宗教功能，參 1 QS 5.7～9。

89 有關這種常見作法的資料，參 Keener, *A Commentary on the Gospel of Matthew*, p.194。

90 Dennis Duling, "[Do not swear ...] by Jerusalem because it is the city of the great king," *JBL* 110 (1991), p.293.

91 Duling, "[Do not swear ...]," p.298.

92 Martin S. Jaffe, *Torah in the Mouth* (Oxford: Oxford University Press, 2000), p.78.

93 Keener, *A Commentary on the Gospel of Matthew*, p.182.

94 有人選擇將「要完全」，視為愛仇敵的結論。換言之，「完全」被定義為完全的愛。參 Strassen, "The Fourteen Triads," p.282; Gundry, *Matthew*, p.100。然而，這節經文的陳述極為獨特，因為它以「所以」作為結尾，與前面對比的結論具有不同的文法建構。

95 五章48節也可以譯為「你們要完全像……」。強調性的第二人稱複數「你們」與前文的宗教領袖（五20），成為極大的對照。由「你們」所形成的天國公民集合體，與由法利賽人及文士所組成的另一類羣體，應該大大地不同。

96 毫無疑問地，耶穌所指的是希伯來文聖經，因為祂所說的「一點」及「一畫」，表示希伯來文字母與書寫的系統。有關這方面的討論，參 Gundry, *Matthew*, p.80。

97 強調集體的用字，可見於六章9節一開始的複數第二人稱代名詞。而後，在整段禱文中也充滿著表示集體的用字。

98 這種解讀經文的方式，普見於較老的聖經註釋書中。參 Betz, *Sermon on the Mount*, p.188, n.149。針對歷史性耶穌的研究顯示根據講論的神學觀，這些言論不可能是耶穌復活之後的門徒羣體所捏造而成的。保羅沒有提及復活的陳述，似乎具有不同的神學建構，顯出這些言論在耶穌復活之前的信仰羣體中早已記錄下來。我同意鄧恩（James D. G. Dunn）與舒爾曼（Heinz Schürmann）的看法，認為這些言論絕對不是初期教會的創作產品。James D. G. Dunn, *A New Perspective on Jesus: What the Quest for the Historical Jesus Missed* (Grand Rapids: Baker, 2005), p.25.

99 這種看法是可以理解的，因為在五章18節b中，耶穌提到律法存在的有限時期「直到一切都成全」。如果將這種看法視為耶穌的死與復活，那麼，暫時的倫理就是一種合理的推論。然而，對於馬太的讀者而言，這種詮釋法將使講論中所有的細節教導不具任何倫理應用的意義。這種勉強的詮釋使得馬太福音成為耶穌教導的記錄，而這記錄也無法成為與歷世歷代教會相關的教導。惟當我們將耶穌再來視為一切事物的最後高點時，耶穌的教導才能對馬太的讀者產生意義。

100 有關論證的資料，參貝茨的修辭討論：Betz, *Sermon on the Mount*, pp.205～209。

101 現代任何一本合理的法律手冊，都有一部分專門針對意圖提出討論。

102 Betz, *Sermon on the Mount*, p.293.

103 耶穌的論證指向當時的宗教領袖，因為他們的誠實令人懷疑。參 Betz, *Sermon on the Mount*, p.192（比較 4QpNah 1.2; 2.2; 1 QH 2.15, 32; CD 1.18等）。

104 Bruce, *Matthew*, p.117.

105 在五章48節的經文中，馬太使用未來直說式（future indicative）告訴他的讀者要完全。這種用法來自希伯來文的鼓勵式語氣（cohortative）。E. Kautzsch & A. E. Cowley (eds.), *Gesenius' Hebrew Grammar* (Oxford: Clarendon, 1910), p.130 (48e) 定義鼓勵式語氣為「針對一個行動的意願導向，尤其指……一個決心或願望……」的表達。它為講話者傳遞一個強烈的希望或命令。具有希伯來文意味的文法，在馬太福音中顯得極為獨特。參 Wallace, *Greek Grammar*, p.452。A. T. Robertson. *A Grammar of the Greek New Testament* (Nashville: Broadman, 1934), p.889 指出，這種形式可見於舊約箴言的引用。馬太對於耶穌亞蘭語教導的翻譯，可能仿自舊約聖經的箴言。

106 如果經文的上下文提及目標，那麼 “τέλος” 一字可以指向一個目標。這是一句十分重要的陳述，因此貝茨將其視為，涵蓋整個登山寶訓的總綱陳述。Betz, *Sermon on the Mount,* p.327.

107 Charles H. Cosgrove, *Appealing to Scripture in Moral Debates: Five Hermeneutical Rules* (Grand Rapids: Eerdmans, 2003), pp.12及下，將這個議題標示為背後的用意。如果使用呆板的方式詮釋經文，將無法探討經文的背後用意。

108 有關人們想要應用聖經的方式，參 Cosgrove, *Appealing to Scripture in Moral Debates*。

109 耶穌時代的羅馬人，甚至廣泛地將諸神明與性連結在一起。參 Kiefer, *Sexual Life*, pp.107～134。

110 有一項針對保羅教導的研究，亦可應用於其他的新約經文中。參 Christopher Bryan, *Render to Caesar* (Oxford: Oxford University Press, 2005)。

111 休斯（Sharon Hughes）在她所主持的 “Changing Worldviews Talk Radio” 電台節目中，極有助益地為我指出德蘭修女的名言。

第四章

天國的首要（六1～34）

敬虔之道（六1）

1. 引言

在討論何種公義表現能夠勝過文士和法利賽人的義之後，耶穌開始帶出義與一般猶太人宗教常規的關係（六1）。登山寶訓包含許多關鍵性的修辭轉折點，這些轉折點不但是新段落的開始，也成為段落與段落之間的分隔標示。例如，五章20節與六章1節，都是十分明顯的修辭轉折點。六章1節在經文中具有極重要的功能，因為它一方面帶出不同的主題，另一方面仍能正確地保持它與第五章的關連。六章1節的「義」屬單數形態，可以被譯為「義的事」（善事）。[1] 既然耶穌的討論與實行義的事有關，那麼義的行動就成為這段經文的討論焦點。如此說來，單數的「義」暗示這段教導並非以義行的特殊應用為重點，而是以一般應用為強調。同時，這段教導並非只是所謂的道德美事，它與天國亦具特殊的關係。因為「義」一字在猶太人的腦海中富含神學與倫理意義，因此這段教導中的善事不過是其他義行的範例與指引而已。[2] 所以，我並不同意貝茨的看法。他以《十二使徒遺訓》（*the Didache*）以及《便西拉智訓》（*Sirach*）的證據，將這些善事視為宗教與禮儀的教導。[3] 但下文的討論，將顯示這些善事並不僅是宗教律法的描述。

許多學者已經注意到在六章與五章17至48節之間，「義」一字重複出現。[4] 那麼，這兩段經文之間到底有甚麼區別呢？斯托得以「道德的義」之範疇描述第五章的教導，並將第六章的內容歸屬為「宗教的義」。[5] 有些人甚至認為，這兩段經文只是同一個經文段落的不同部分罷了。[6] 另一些人則如同聖經分章的方式，將這兩段經文視為不同的經文段落。畢竟，第六章的確浮現與天父賞賜有關的新主題（六1、2、5、16）。毫無疑問，這兩段經文並非毫不相關。然而，我較傾向以六章1節為分隔點的傳統分段法，因為五章48節以「所以」為開始，表示它具有迷你結論的功能。以本質來說，五章17至48節針對特殊的律法提出討論，而六章1至34節則觀察一般的宗教常規。當對比以「你們聽見有話說」為開始時，六章1節以命令語氣為這段經文揭開序幕。若與第五章相較，第六章的邏輯發展顯得容易許多。讀者的挑戰在於，是否能夠嚴謹地將第六章的解讀界限於第五章的上下文，以避免毫無邊際的隨意應用。

2. 詮釋

六章1節雖是一節極短的經文，卻在第六章佔據一個極為顯著的地位。它與第六章的關係，正如五章20節與六項對比的關係。事實上，六章1節不單是第六章的標題，並為其討論內容設下語調。[7] 它清楚標示討論議題與步調的改變，並不重複前文已經介紹過的議題。因它的重要性，這節小小的經文值得我們大大地注意。極為奇怪地，六章1節的經文好像否定五章16節的教導。儘管五章16節鼓勵信徒將好行為表現在人前，六章1節卻叫信徒不可將

「義的行動（善事等的）行在人前」。希臘文的「義」可以被譯為「正確的事」。[8] 這代表甚麼意義呢？布魯姆伯格並沒有詳細闡述，但他認為這兩段經文的目的並不相同。[9] 我們的確應該注意，在表面矛盾的背後到底有甚麼相異之處？五章16節提及信徒將榮耀歸給天上的父，而六章12節則討論信徒可能因要得人之榮耀而行善。如此說來，動機成為行善的關鍵，而試探則成為行善的絆腳石。人行善不應僅為服務人羣，事奉神才是行善的終極目標。布魯斯在他的釋經書中，為這兩節好似矛盾的經文作出如下的評論：「當我們想要隱藏時，表現出來；當我們想要表現時，隱藏起來。」[10] 耶穌超越外表的善行，更進一步直搗善行背後的內心世界。榮耀父神的動機是真正的關鍵。只要動機正確並且能為天父帶出完全的榮耀，我們就可以毫無限制地行善。

「義」的主題與字彙，顯示第六章與第五章有非常明顯的關連。「在人的面前」一詞，亦具有十分重要的涵義。這個觀念之所以突顯，乃是因為「人」的角色重複出現在第六章的講論中（六2、5、16等）。可見，六章1節的「義」就是天國公民在世人面前的見證。所以，六章1節成為所有善行的一般原則，而施捨、禱告與禁食則成為善事的三個範例。[11] 因六章1節的關鍵角色，它的原則延伸至所有的宗教責任，甚至超越施捨、禱告、與禁食。事實上，行善也是一種集體的見證，它與五章13至16節同具相似的觀念。[12] 然而，第六章的集體觀念，並不像五章14節強調全體信徒的天國公民身分，第六章的關注是全體信徒與天父的關係。換言之，第六章的信徒見證是一種家庭見證。[13] 因此，一家之主具有制定法規的權柄。十章35節清楚顯示，因耶穌的傳道事工，家庭關係有可能遭到破壞。耶穌的事工改變家庭的定義，將家人的關係由肉身轉為屬靈的層面。這種家庭見證與五章21至47節的教導極為類似；因兩者不單重視行動，更強調內心動機。可見，六章1節加深並補足五章13至16節的經文涵義，當五章13至16節肯定好行為顯明在人前的必要性時，六章1節則深入觀察隱祕的內心動機。[14] 根據第五章，耶穌告訴我們每一個天國公民都必須有好行為。但只有好行為仍然不夠，天國公民還須有討神喜悅的純潔動機。好行為是信仰生活的自然流露。博克如此評論：「他們引人注意的方式應該極為自然。」[15] 正如偉大的希臘正教教父屈梭多模（John Chrysostom, 347～407）所言：「耶穌並沒有將焦點放在外在的行為表現，祂所重視的是內在的動機。」[16]

六章1節以「要小心」的警告為開始。更確切地說，這節經文已經超越教導的範圍。同樣的警告多次出現在馬太福音的他處經文，專門警告門徒要防備天國的敵人（七15，十17，十六6、11）。天國的敵人亦藉著人所組成的黨派出現（例如七15，十17），或以黨派的意識形態出現（十六6、11）。六章1節的警告應該不是例外。既然我們已經了解馬太敘事中的宗教領袖看重表面與外在的義，我們可以滿有把握地推論，這個警告與其他警告同具類似的爭辯意味。換句話說，耶穌乃是警告信徒不要像那些只要得人榮耀，卻不要天父賞賜的人。如果我們根據耶穌使用這個警告的心意來解讀這節經文，我們也可以說，這種表面的義是一種與天國真正本質為敵的意識形態。在新約聖經以外的猶太文學中，我們可以看見許多相反的觀點。這些文獻完全強調外在的禮儀表現。事實上，在內在動機方面，貝茨發現希臘人顯然比猶太人有更偉大的教導。[17] 羅馬的政治家西塞羅（Cicero）也主張，人的道德倫理應該具有天國的傾向。不幸地，神所具有的「父親」特質並沒有出現在西塞羅的教導中。無論是猶太或希羅世界，耶穌顯然為祂所處的時代帶出一項無與倫比的宗教思想革命。

六章1節這項命令的時態，也值得我們注意。耶穌以現在式與複數形態告訴門徒要小心。時態所具有的涵義十分清楚。現在式代表持續小心的態度。複數則意味天國公民必須共同努力，以評估天國公民全體表現的文化是否合乎神的心意。耶穌非常肯定所有的天國公民，都具有足夠的教育與知識，因而能夠一起作出明智的決定。耶穌並不提倡集體無知，也不主張信徒以最低標準決定義的議題。相反地，耶穌堅持信徒以最高的能力作出與義有關的決定。如此一來，耶穌的命令提醒基督徒團體不要陷入法利賽人的模式。六章1節明顯與第十二章連結。第十二章以耶穌容許門徒「違犯」安息日的故事為開始。馬太藉著醫治與安息日的故事，雙倍強調法利賽人如何熱愛義的外在表現。事實上，法利賽人對於義的觀念不但可以回溯至五章20節，並且繼續在後文成為耶穌重視的議題。

另外，二十七章1至9節是馬太福音獨特具有的反諷轉折，它帶出謀殺者猶大的自殺事件。當時的宗教領袖，將猶大拿回來的錢視為不潔淨的血價。他們對於錢是否潔淨的關切，竟然遠超自己殺害耶穌的行動。馬太認為這些錢絕對不潔淨，但宗教領袖釘耶穌十字架的方式更是骯髒。在邪惡的反諷之下，這些宗教領袖用猶大丟在殿裏的銀錢買了一塊田，以埋葬不知道神的律法及潔淨禮儀的外邦人。

耶穌繼續帶出，仿效法利賽人的生活模式所將導致的後果。耶穌的陳述具有爭辯性質，因為「叫他們看見」（六1）也出現於二十三章5節。二十三章5節的描述清楚展現耶穌爭辯的用意。[18] 貝茨認為法利賽人的問題在於，沒有以「義」為行使宗教儀式的出發點。他的看法並沒有錯，但我更傾向將法利賽人的問題視為，在履行宗教的儀式中太過重視「明顯可見」的義。[19] 偉大的蘇格蘭作家與佈道家章伯斯（Oswald Chambers）說：「法利賽主義的本質就是，它必須高人一等，並且顯出優勢。」[20] 誠然，義是真正的議題，但最根本的原由來自因驕傲而產生的假冒為善。[21] 法利賽人虛偽的假裝已經在此清楚顯明。六章1節不僅是一種教導，也是針對已確立之宗教制度發出的爭辯。在這種既定的宗教制度下，有些特別的行為會得到人的獎賞。但耶穌卻說如果善行已經被人看見，那麼行善者就不能榮獲天父的賞賜。無怪乎，金斯伯理（Jack D. Kingsbury）將第六章稱為「在神面前的義」。[22] 鍾馬田也一針見血以「與神同在度今生」表彰第六章的內容。[23] 六章1節整個結構的平行表現也十分引人注意。如同智慧文學一些奇特的平行對照，平行的觀念不一定總是精確地相互對應。六章1節的平行對應可見如下：

在人前的義被人看見〔得人的賞賜？〕
〔義不被神所看見？〕不能得天父的賞賜

括弧中的短語並不在原來的經文中。它們之所以被加在經文中，乃是為了使平行的對應更顯完全。相關的觀念是看見與賞賜，它們相互平行。括弧中的觀念暗示，賞賜來自看見或認可。當善行被人看見時，行善者已經得到賞賜。至少這是行善背後的動機。如果一個人希望別人看見他的善行，那麼他將從人那裏得到賞賜。因人內心的動機，神將對他的善行視而不見。十章40至42節讓我們看見，先知與義人首先得到神的賞賜（即天國的使者）。而後，接待先知與義人的將獲得同樣的賞賜。義與賞賜之間的緊密關連，清楚表現於六章1節與十章40至42節的經文中。如果一個人希望神看見他的善行，那麼他將從神那裏得到賞賜。如此說來，不論天國公民是否將善事行在人前，天國公民都將得到賞賜。因此，正確的賞賜觀將驅策人產生正確的動機與行動。耶穌旨在告訴我們：「你看不見神，並不表示神看不見你。所以，按照我的教導行善吧。」斯克特如此說：「事實上，馬太並不關切內在與外在倫理或祕密與公開倫理之間的對立。最重要的應該是地上賞賜與天上賞賜的對比……只有行在暗中的善事，才有天上賞賜的應許。」[24] 換言之，六章1節的根本目的，乃為帶出表面與實質的對照。

耶穌這句短短的命令也蘊藏著末世的意義。耶穌在教導中對照了生活的兩個層次：天上與地上的領域。更確切地說，可見的人與不可見的天父形成反照。這種對照所反映的世界觀，將歷史視為神更大末世計畫中的一部分。在一些猶太人的神學中，我們發現有關末世賞賜的教義。這些教義可以幫助我們了解耶穌所談論的觀點。神的賞賜具有末世的性質，可能不是行善者馬上能夠得著的。由人而來的賞賜，則可能在善行被看見的那一刻就獲得。耶穌鼓勵信徒耐心等候由神而來的賞賜，以使真實的信心成為末世世界觀的一部分。末世的世界觀是天國公民倫理的不可或缺。公眾的熱烈鼓掌，未必能夠指出個人的義所具有的品質。

3. 省思與應用

在這段經文的一開始，六章1節就指出耶穌並不以天國公民是否必須行善為焦點。耶穌也不以教會是否必須行善為焦點（五13～16）。相反地，在這兩處經文中，耶穌都以信徒應當「如何」行善為焦點。我們必須慎重思考耶穌的討論前題。因為當我們討論善行是否是基督徒生活的一項選擇時，我們已經逆向倒退並以錯誤的論題為焦點。這種基督徒屬靈觀未免太過貧乏，與耶穌登山寶訓的教導完全相反。耶穌嚴肅地要求信徒行善，因為善事是健康靈性生命的指標。

甚至從表面來看，耶穌也沒有將對神的責任（例如禱告與禁食），看得比對人的責任（例如施捨）更為有義。[25] 在神的眼中，這些都是義的表現。許多信徒將宗教行為與世俗行為畫上人為的區別。事實上，耶穌將生活的所有層面視為神聖。耶穌一開始就破除神聖與世俗的二分法，因為所有的生活都是神聖的。我們與神的關係，是我們與人的關係之明確指標。

耶穌並且使用「集體」的複數形態描述六章1節，以為我們帶出多方面的應用。其中兩項值得我們在此一提。第一項應用就是信徒必須彼此負責任。當信徒加入教會時，他已經放棄成為絕對個人的權利。這並不意味個人的信心表達不重要。相反地，基督徒的義所具有的羣體層面，要求每一個信徒彼此負責任。第二項應用與信徒的教育有關。耶穌要求信徒羣體，具有確實判斷甚麼是義以及甚麼不是義的知識。教會應該是一個能夠清楚辨明主要或次要，與對或錯的地方。耶穌對於祂的跟隨者要求很高。如今，教會的集體決定常以最低標準進行，因此許多決定欠缺足夠的知識。這種現象將得罪耶穌。我們應當根據良好教導與應用的健全基督教知識，來處理困難的問題。惟有如此，教會才能表達真正的義。

前面的討論焦點於道德及關係的義，這方面的義對於信徒的生命非常重要。在此，耶穌為義的整個觀念帶出另一面的探討。祂論及猶太人的一些宗教責任。信徒必須在關係、道德，以及宗教責任之間尋求一個平衡點。有些人對於宗教責任十分熱心，但他們的動機卻不正確。另一些人具有正確的動機，但在道德與關係上卻有明顯的缺失。根據耶穌的教導，義應該包含責任的履行與動機的純正。任何一部分的缺乏，都無法產生良好天國公民所須具備的屬靈健康。

為了避免神只要求信徒行善而不給與任何正面認可的錯誤觀念，六章1節毫無隱藏地帶出賞賜的觀念。用世界的標準來看，只有那些額外行善事的人才能獲得賞賜。但在此，天父向那些行使責任的人顯示豐盛的祝福。賞賜的給與，成為激勵所有信徒隨時盡上當行之責的積極動力。天父的慷慨何其寬廣，是屬於天國之人的額外獎賞。

六章1節為門徒與世界（即世人）之間的關係，帶出一個極為重要的觀察。首先，門徒並不是這個世界的僕人，因為他並不根據世界對於義的標準來行事。當世界的標準滲入教會時，教會與眾不同的特色將隨之消逝。可惜的是，在教會中文化常常比聖經更佔優勢。耶穌對於當時文化所提出的批評，成為今日教會評估自己光景的範例。祂所提供的工具能夠幫助教會衡量，到底文化取代聖經的程度有多嚴重。前面的經文特別教導天國公民，要作世上的鹽與光以使世界得到好處，而六章1節則顯示，天國公民的見證不可以世界或宗教領袖的規範為標準。耶穌並不是說，天國公民必須完全棄絕世界所擁有的良好道德及宗教教導（二十三3），但天國公民必須謹慎不要讓這些教導成為終極的道德典範。儆醒是保持真實與平衡世界觀的最佳態度。因為儆醒的天國公民不會過度負面地排斥所有的文化觀念，也不會完全接受所有的道德標準。基督希望祂的跟隨者不僅有義並且有智慧。

當我們觀察六章1節的真實意義時，我們必須省思教會文化的問題。福音派的教會文化，尤其是與二十世紀初期聖潔運動有關的傳統，特別具有強調外在及表面公義的傾向。信徒有時沒有根據聖經道德觀，反以某些受基督徒歡迎的「善行」標準自以為義地批評他人。在過往的時代，這些善行可能包括不喝酒、不跳舞、不看電影或積極參與禱告會、培靈會及傳福音等活動。其實，凡出自個人信念並且隨個人良心引導而流露的行動，都是佳美的善行。然而，當這些觀念成為主流教會用來定義所謂「好基督徒」時，教會就陷入在人前行善的危機。基督教的形式化是天國的敵人。教會必須奮力對抗這種敵對天國的傾向。阿利森的觀察簡扼正確：「自我表現的驕傲是宗教的毒瘤，會導致偽善的產生。」[26] 這實在是不容忽略的嚴肅提醒。表面的聖潔不能表達神的旨意，因為神的旨意並不以文化所定義的善行為焦點。當耶穌談論天國公民要避免外表的義時，祂要教會繼續提防法利賽人形式主義的陷阱。

那麼，教會當如何慎防法利賽人的文化呢？教會必須以內心為更新的起始點，並且認定更新是一個漸次改變的過程。今日有些教會因長期陷於法利賽人的生活模式，以至無法分辨外表聖潔與實質聖潔的區別。許多時候，所謂「神聖」活動（例如禱告會、查經班）的參與，成為個人屬靈程度的衡量標準。另一些特別的衣著方式（例如藍色西裝、領帶、白色襯衫），也變成衡量尺度的一部分。或許有些例證頗為極端，但卻是許多北美華人福音派教會的光景。這種表現不像基督的生命，反倒與法利賽人的行為較為相似。教會必須保守自己，以免基督教成為制度化的宗教而失去更新生命的信仰特質。基督的目的不在於建立另一個偉大的世界宗教。相反地，祂切望所有人的生命能夠因祂的傳道使命而更新變化。

耶穌的教導也在心理及社會方面，顯出不可忽略的適切性。人的內心深處常有被認可的需要。事實上，耶穌經常肯定那些行得好的人。保羅也時常稱讚同工的努力。認可他人的義是一件極美的事，尤其是欣賞那些對天國有貢獻的人。然而，當認可成為倫理的驅動力時，問題就隨之而來。生活在今日社會中的人，熱切渴望人的認可與受重視的感覺。耶穌並不贊成天國公民著迷於他人的認可。因為這種過度追求，表示他仍然屬於地上的國度。當天國公民知道自己有天國的父親時，他不再因為別人的稱讚而行善。相反地，他行善因為他是天父的好兒女，並且他願意事奉一位美善無比的神。耶穌的教導與我們的事奉特別相關。如果我們的事奉得到稱讚與認可，那是一件極美的事。然而，當我們關切人的想法過於神的想法時，我們的事奉將陷入危機。並且我們將因得到人的榮耀而錯失天父更大的賞賜。基督徒必須在天上與地上的賞賜之間作出抉擇。他的態度決定他的選擇與結果。

在文化層面上，耶穌的教導為我們敲起醒鐘。有些人貪戀立即可得的賞賜。愈快得到的賞賜，愈令人快樂。現今的時代看重立即可得的滿足與快樂。我們渴望獲得大量的賞賜。而且我們「現在」就要！耶穌所談論的天父賞賜較為隱含，並且可能不是立即可以實現的。真正忠誠的天國公民一定願意延緩自己獲得賞賜的滿足感，並以正確的心態行使善事。他不尋求人立即的讚美，卻甘心等候神末世的獎賞。真正的倫理需要真正的信心。

另一種極端就是有些自以為屬靈的基督徒，宣稱自己不需要任何賞賜以炫耀自己的謙卑。他們高論終極的賞賜，就是擁有耶穌為救主與朋友。他們的話語顯示，他們對於真理的認識並不完全。有時這種人似乎想要表現得比耶穌更屬靈。事實上，他們所有的是造作的靈性與錯誤的熱忱。這種心態的表現與成熟的靈性相差甚遠。就是這種假冒為善的精神，使他們失去天父的賞賜。巴克萊在他的註釋書中提出，神的公義體制缺乏賞賜的神學問題。賞賜本來就是懲罰的對應。若沒有賞賜來平衡懲罰的觀念，那麼基督教的信仰將變成由害怕驅動的不均衡信仰。這種信仰將使人對神的公義體制產生懷疑。[27] 然而，這裏的主要重點並不完全是賞賜的問題。耶穌乃是以賞賜為檢視態度的工具。每當我們聽到「賞賜」一字時，我們必須省察自己是否以好的態度事奉神與人。賞賜是正確態度的管道而非目標。

有關賞賜的一個重要教導就是信徒可以自由地根據賞賜的體制而生活。賞賜正在等待信徒的抉擇。服事神本來就是一種恩典。信徒深知天父認可他美善的內心，因此當他選擇正確的態度時，他選擇了上好的賞賜。在接受神豐盛的祝福時，基督徒可算是最自由的一羣人了。天國不是限制而是自由。基納說的最好：「門徒只需要讓天父刮目相看。」[28]

4. 問題思考

- 六章1節如何與第五章相關？
- 六章1節與五章21至47節的對比如何相似，又如何相異？
- 你如何協調「叫人看見你們的好行為」以及「不可將善事行在人的面前」這兩個似乎矛盾的教導？
- 神的賞賜體制如何與世界的賞賜體制不同（例如羅馬人的賞賜體制）？
- 在你的教會裏，有哪些是行在人前的善事？
- 你如何修正教會文化的不平衡並使其更以天父為中心？
- 有哪些預防性的考量或措施，可以幫助我們將教會文化焦點於重要而非表面的事工之上？

敬虔的操練（六2～18）

1. 引言

這段較長的經文段落，可以使用下列的結構大綱來觀察：

施捨（六2～4）
禱告（六5～15）
禁食（六16～18）

每個從屬的段落，都以「你們……的時候」為開始。如同前述，這三件善事是猶太人行善的典型例證，它們全部在修辭的結構上與六章1節相連。我並不同意貝茨將這些善事稱為「儀式」。[29] 我認為它們比較像希羅的修辭題目（rhetorical *topoi*），都是作者或說話者共同知道的題目，並被用來討論更重要的觀點。這三件善事是當時人最容易有錯誤動機的宗教常規；因此它們最能表現人行善的錯誤動機。它們具有示範功能的最有力證據就是六章2節起始的「所以」一詞，它不但將這些善事緊密地與六章1節連在一起，並且使其成為六章1節的例證。[30] 這些已成常規的例子被用來教導，超越施捨、禱告與禁食的一般真理（六1）。

正如登山寶訓智慧箴言的典型特徵，每一件善事都以幾乎公式化的結構出現。如此地，這三件善事成為刺激耶穌跟隨者思想其他善事的標準例證。每一件善事的修辭結構如下：

不可像假冒為善的人（六2a、5a、16a）
不好的動機與結果（六2b、5b、16b）

正確作法的命令（六3、6a、7a、17）
良好的動機與結果（六4、6b、18）

第六章也開始一種修辭傾向，這種傾向將在登山寶訓的其餘部分繼續出現。這種修辭傾向首先以命令為講論的開始，而後再使用一些類比為例證。在這種方式下，耶穌將部分的原則隱藏在類比中，而後再帶出最後的結論。如果我們將耶穌的論證方式牢記在心，那麼我們將會看重完整的教導，而不會斷章取義地將部分的教導引用為神奇的金律。

2. 詮釋

六章2至18節涵蓋施捨、禱告與禁食的題目。這是猶太人信仰敬虔的三大柱石。在每一個轉折點，耶穌將祂的聽眾由外在的表現帶進內在的實質。外在的表現顯然為耶穌的聽眾帶來尊榮。現在耶穌將世界的榮耀轉為羞恥。

施捨

六章2節以個人施捨的常規為開始。[31] 到底甚麼是施捨呢？六章2至4節所談及的施捨，與「憐恤」一字具有相同的發音及字根。[32] 雖然我們有可能因太過鑽研於字根的研究，而犯下一些嚴重的字根謬誤，但六章2至4節的確在發音與意義上與五章7節相關。[33] 就本質來說，施捨就是憐恤的給與。在耶穌的教導中（六19～34），財務管理成為天國公民價值觀的真實指標。或許耶穌以施捨為頭條討論，為要帶出敬虔與財務管理的關係。在典外的猶太文獻中（Tobit 14.10～11），我們可以看見有關施捨的告誡，可見當時有些人對於物質的分享十分吝嗇。耶穌認為，一個好的猶太人根本不需要他人催促就會自動行善。所以耶穌並不將焦點放在行善的行動，而將教導的中心更深入轉至動機的探討。耶穌首先以修辭誇張法帶出施捨的方式：假冒為善的人施捨時，在人的面前吹號。吹號的安排顯然出自個人得榮耀的動機，因此善行被人看見並非偶然的巧合。可見，假冒為善的人積極宣傳自己的善行。[34] 他們為吹號的安排花費極多的時間與精力。引人注意地，假冒為善的人竟與會堂一起出現在多處經文中（六2、5）。會堂在天國公民與制度化宗教之間，扮演極重要的象徵性角色。由社會的角度來說，古代的城門常是城市重要事件發生的地方。[35] 在耶穌的時代，會堂取代了城門的功能，成為一股巨大無比的社會力量。同樣地，馬太福音中的會堂，依然具有社會－宗教的重要角色。

儘管假冒為善的人在會堂前行善（六2），十章17節卻以會堂另一種令人驚奇的角色作為鋒利描述的焦點。這節經文讓我們看見，為甚麼耶穌告訴門徒不要想從會堂得到任何支持或認可。因為這個從前代表尊榮的地方，現在已經成為一個充滿羞辱的地方。事實上根據十章17節，會堂對於耶穌門徒所持有的公義目標深具敵意。同時會堂也是法利賽人普受歡迎的地方（二十三5～6），因為法利賽人故意將善事行在人前（二十三5）。畢竟，會堂是猶太人每日禱告的地方，法利賽人可以利用人羣熙攘往來的機會炫耀他們的敬虔。[36] 這些經文清楚指出，耶穌對於會堂的攻擊以及馬太對於會堂的關注。耶穌不斷指責假冒為善的人，因為他們自己不正卻又嚴厲論斷別人（七5）。這種徒勞無功的追求，成為他們全心的貫注。

經文極有意思地指出，這種假冒為善的人故意在會堂裏多行善事。當時，遠離聖殿的會堂象徵性地代表地方上的聖殿。或許假冒為善的人並沒有真正在會堂裏吹號，又或許耶穌僅是使用誇張的修辭法。但這一切都不重要，因為我們已經知道假冒為善的人在會堂前炫耀自己，是為了讓人注意他們的善行。二十三章5節直接提出，法利賽人為了贏得別人注意而實行的各種宗教常規。在馬太福音中，會堂並不是一個對神子民友善的地方。或許生活在壓力之下的信徒，必須藉著引人注意的行為，才能在社區裏獲得較好的社會與宗教地位。人很容易傾向「隨波逐流」的生活方式。由早期第一世紀的一些碑文記載，我們看見會堂所具有的社會功能與意義。當時的會堂是誦讀與研究聖經的學校、禱告的場所，以及招待猶太人的旅舍。[37] 沒有人可以過與會堂疏離的生活。但與會堂毫不關切神子民的需要恰恰相反，天父極其關心自己的子民。會堂是一種制度，但天父卻是一位神；因此，耶穌教導我們在善事上取悅神而不取悅人。相信神的美善是校正我們內心動機的不可或缺。

吹號通常是為了帶出重要的宣告。舉例來說，吹號被用於許多與人子降臨相關的事件上（二十四31；林前十五52；啟一10，四1，八2，十7）。馬太福音以號的反諷用法而帶出的對照，具有強烈的末世涵義。整個有關賞賜的觀念，也為現實帶出末世的觀念（五12、46）。十章41至42節讓我們看見，在末世審判的時候義與賞賜相協出現，因為最後審判將顯明所有人心隱藏的祕密（十26）。[38] 其實，真正值得吹號的重要事件是人子的降臨。馬太福音的神學觀顯示，神的國度要求子民設立正確的優先順序。當人以自我為焦點時，人子被棄置一旁。耶穌教導祂的跟隨者延遲立即的滿足，而以等候賞賜的神聖時刻為盼望。換言之，耶穌告訴我們為個人施捨作重要宣告的行為，並不符合祂的教導，因為這種作法顯然顛倒天國的優先順序，並且錯失以基督為中心的焦點。耶穌稱這種人假冒為善。假冒為善的人虛偽地展現超越真實自我的敬虔，以至未將神當作首要焦點。以公眾宣告或匾額發布為基督教組織或教會奉獻鉅額金錢之人士的名字，就是現代的「吹號」表現。耶穌鼓勵天國公民，避免藉著施捨的善行表彰任何種類的自我提升。耶穌並不是說被人認可的情況不會發生，但自我提升的動機卻是錯誤的。

耶穌認為假冒為善的人不好，因為他們已經得了完全的賞賜。更確切地說，他們已經尋獲他們汲汲追求的立即滿足。賞賜並不為一般的善行而預備，因為施捨窮人早已是舊約聖經的重要原則。如果僅按最低標準行善，那麼行善者並無賞賜可得。耶穌所談論的，乃是超越「好」猶太人所行的善事。可見，縱使我們所作的事已經超越自身的責任範圍，我們仍不可在現世生命中期待額外的賞賜。這就是耶穌講論的中心要點。

在對於不可行之事提出警告之後，耶穌現在為聆聽者帶出可行之事的積極步驟。耶穌使用另一個誇張的修辭法帶出命令：不要叫左手知道右手所作的。右手的暗喻用法一致地出現在其他的倫理教導中（例如五30）。逐漸地，右眼與右手不僅代表行為本身，並且象徵深思熟慮的眼光與行動（參六22）。右眼與右手一樣，扮演著重要的角色（五28、30）。在五章28節，右眼是動淫念的管道。在五章30節中，右手被心與眼驅使以至犯下姦淫的行動。同理，六章3節的右手行使善事，但卻具有六章2節所談論的正確心態。右手所作的是發自內心的結果。右手刻意地行使善事。五章30節讓我們看見，右手清楚明白它的所行會讓自己跌倒。可見，左手不知道右手所作的，顯示一種滿不在乎的慷慨態度。行善的動機是「使施捨的事行在暗中」。這個祕密連行善者自己都不太清楚。更正確地說，耶穌鼓勵信徒在行善時，不要對自己說「這件事作得不錯」；因為對自己的善行過度敏感的人，常常不可避免地變成自以為義的人。所以，帶著不會有賞賜也不會有人知道的態度施捨，反而會得到神大大的稱讚與賞賜。渴望行得正的外冒是不正確的動機，也會成為天國的諷刺。與六章1節的關連讓我們看見，行善並非僅是一種行動，它更是一種生活方式。行善者不需要記錄自己的善行次數，因為神看見並且數算人的一切所行。

禱告

禱告是耶穌解釋善事的第二個例證。在耶穌討論禱告的內容之前，耶穌將當時的禱告廣泛地分為猶太人與外邦人的兩種禱告（六5～8）。在登山寶訓中，假冒為善的猶太人不但在宗教上與外邦人對立，更是真以色列人（即天國公民）的反照。耶穌清楚指出，禱告的態度（即六5～8）必須先於禱告的內容（即六9～13）。耶穌如此教導，乃是為了避免禱告的人由於缺乏正確的態度而導致禱告內容的形式化。

猶太人喜愛在公眾場合禱告（六5）。在任何人斷章取義應用六章6節，並且認為只有暗中在內屋禱告才是正確禱告之前；我們必須以對照的方式觀察六章5節與六章6節，才能了解經文的真義。討論禱告的六章5至6節與六章2至4節，具有相同的結構。它們都提到，被人或神看見以及賞賜的問題。事實上，六章5節下半節有關賞賜的陳述，是六章2節下半節的重複。重複的陳述提醒我們，禱告與施捨具有相同的中心議題：在善行中的個人誠實。這個共同主題要求讀者，將這兩處經文一併解讀。再次地，當我們以對照的角度解讀經文時，我們不要忘記這些例子以誇張的修辭法展現它的功能。如此說來，經文描述可見與不可見之間的對照。在公眾場合禱告的動機是為了「叫人看見」（六5），正是六章1節的清澈迴響。相同的假冒為善者也出現於六章2節下。當時，禱告的外在表現往往被視為榮耀之事。鍾馬田對於假冒為善的人喜歡在十字路口禱告的背後原因，提出一種極富想像力的解釋。或許他的解釋是正確的。[39] 他們嘗試表現自己對禱告的熱忱。甚至在前往會堂的路途中都迫不及待在街角禱告，以流露對神的敬虔態度。顯然耶穌視蘊藏在行動中的炫耀動機為羞恥。根據二十三章6節，法利賽人繼續爭取席上的首座與會堂裏的高位。因他們所得的高位，法利賽人為自己招惹來自耶穌的七禍咒詛。[40] 事實上，耶穌在六章5節的經文中已經注意到這些受咒詛的行為。當這些行為再次出現於後文時，讀者必然想起耶穌先前對於這些行為的定罪。現在讓我們為耶穌使用內屋禱告為例證的原因下一個結論。在內屋禱告的動機（六6）僅是為了讓父在暗中察看。我們發現六章5節的「你們」是複數型態，而六章6節的「你」卻是單數形態。這種文法改變意義重大，因為它顯示一項重要的真理。文法的改變表示雖然禱告具有集體的層面，但基本上禱告是信徒與神之關係的表達。如此說來，這種關係只需贏得神的讚賞，因為惟獨神能夠給與真正的讚賞。

在猶太人的禱告之後，耶穌繼續帶出外邦人的禱告（六7～8）。耶穌並沒有排除外邦人得救的可能性。英文《新國際譯本》將這個字正確地譯為「外邦人」，因為對於耶穌的猶太人聽眾而言，外邦人一般都不認識耶和華，因此他們自然是虛假宗教的信徒。[41] 耶穌的聽眾則認為禱告是與神溝通最神聖的方式。因此，將猶太人與敬拜偶像的外邦人比較是猶太人的恥辱。實際上，耶穌不僅使用「外邦人」一字描述種族的差異，祂更使用這個字指出外邦人所具有的習慣與特性。[42] 耶穌的用語具有將人看作外邦人的意味。在馬太的記錄中，這個字總是具有輕蔑的涵義。舉例來說，十八章17節讓我們看見，教會將不願悔改的弟兄看為像外邦人一樣。這些具有外邦人特性的人與屬於神國度的人恰適相反（五47）。這一個教導尖銳無比。顯然耶穌認為一個人並不需要具外邦人的種族身分，仍可以口唸像外邦人一樣的禱告。不論是猶太人或天國信徒，都有可能犯相同的錯誤。由此可見這個教導的嚴肅性。

根據耶穌，外邦人的禱告之所以錯誤，乃是因為他們對神缺乏正確的了解。耶穌明說，外邦人以為重複的話才能蒙神垂聽。六章8節與六章7節的確配合得極好。按照六章8節，話多之所以成為問題，乃是因為禱告的人認為神並不了解他的需要，又或許禱告的人根本不確定神會聽禱告。畢竟，木雕的偶像怎能聽見禱告呢？這為我們帶出一個問題。如果神已經知道我們的需要，那我們又為甚麼要禱告呢？七章7至12節告訴我們，我們應該禱告因為神樂意給與並祝福。神的屬性極邏輯地協調這兩個好似矛盾之處，顯出耶穌完整的禱告教導。六章8節並非有關神的獨立陳述，它必須與六章7節的上文配合。六章8節也不禁止信徒禱告。相反地，它禁止許多重複話語的禱告。我們仍需要向神祈求，但卻不可向神糾纏不休。另一方面，我們看見耶穌認定禱告是當時猶太人信仰規範的實踐，因此祂並沒有討論為甚麼需要向全知神禱告的哲學性問題。綜合前述的討論，有關禱告的教導確實顯示神的某些特性。在前面的教導中，耶穌描述神的全見。在此，耶穌的討論則更深入地帶出神的全知。

由登山寶訓有關話語溝通的更廣上下文來看，六章8節是一項極有意義的教導。禱告使用話語與神溝通。前文有關起誓的討論，讓我們看見另一種與神的名字有關的話語溝通（五34～

35）。言詞的繁多，不見得代表誠摯或合宜的禱告（六7）。話語的繁多，更不等同於一個人對於起誓的忠誠程度（五37）。因此，一個原則連結了神與人之間的各種話語溝通。神與人之間的溝通必須簡明扼要。然而，似乎另有些話語溝通的觀念，與耶穌在此的教導相互矛盾。例如七章7至12節，耶穌向信徒發出不斷向神祈求的命令。不過，就像這段講論其他的矛盾之處，這兩處的上下文大不相同。第五章談論一般性的重複話語，而第六章則討論與賞賜有關的重複話語。但七章7至12節既不針對重複的話語，也不討論賞賜的問題。更確切地說，它以神的美善為焦點。七章7至12節為禱告帶出好理由，使六章8節的意義變得更加完全。

直至目前，耶穌的談論包含禱告的態度與動機。精簡地說，一個不在公眾場合炫耀又不重複話語的禱告，不但合神心意也是敬虔的表現。這段經文針對禱告（六5～8）與行善（六1），提出十分具體的應用。現在耶穌以所謂的「主禱文」，開始禱告內容的教導。幾項觀察可以幫助我們了解這個禱告所佔有的地位。第一，將這個禱告稱為主禱文並不完全正確，因為耶穌吩咐：「所以你們禱告，要這樣說。」（六9）所以，主禱文並不是耶穌的禱告。應該如此禱告的是門徒。若我們將這個禱告稱為「門徒的禱告」當更為準確。但因傳統的緣故，我們在此還是將它稱為「主禱文」。然而，約翰福音十七章讓我們看見一個平行的真正「主禱文」。[43] 如此說來，耶穌與門徒的禱告和當時代的禱告具有某些相同的模式。概要來說，禱告的真正本質不在於形式，而在於禱告的精神。後者才是耶穌的強調重點。第二，主禱文在三個善事範例中，佔中間的地位。耶穌為施捨與禁食帶出簡明綱要的教導，但祂對禱告的教導卻詳細闡述，並且刻意加入主禱文的內容。第三，主禱文的上下文與善事的討論有關。許多信徒在研究與實踐主禱文的教訓時，常常忽略上下文以致錯失許多豐富的真理。斯克特認為主禱文乃為反對猶太人的〈十八條祝禱文〉（Eighteen Benedictions）而提出，他的觀察頗引人注意，但卻沒有足夠的支持證據。[44] 如果他的觀察正確，並且十八條祝禱文也真的盛行於耶穌的時代，那麼耶穌的主禱文教導就是針對會堂禱告而發出的回應。既然禱告是一種善事，我們必須在善事的上下文中觀察主禱文的內容。主禱文的教導，可依照對神與對人的關切分兩部分觀察。對神的關切首先出現，因為這是信徒的第一優先。這種順序的安排，預備信徒將尋求神的國視為生命的首要考慮（六19～34）。

讓我們先觀察主禱文第一部分的討論。根據三個第三人稱命令語氣過去不定時動詞（aorist imperative third person；為聖〔hollowed〕、降臨〔come〕、行〔done〕），我們可以將主禱文第一部分，分為三個較小單元。這三個命令語氣的動詞表達禱告者的願望。禱告的對象就是「我們的」天父。儘管禱告是個人與神之間的溝通，但複數形態的「我們」所表現的集體層面，卻具有非常重要的涵義。摩根說：「主禱文的禱告，不容任何自私的心態。」[45] 集體的禱告將所有的耶穌跟隨者放置在平等地位上，與惟獨神的兒子才能發出的「我的天父」禱告，形成直接對比。因為如同後文的教導（參十二46～50），所有的禱告者都同屬神的家庭。在同一個天父之下，所有的信徒都一樣需要神的幫助。神的居所在天上，帶出人居住在地上的對照。較前期的學者，曾經嘗試區別神國與天國之間的不同。然而，在此我們看見天上是神的所在之處。如此說來，在馬太的神學中，天國是神國的同義詞。根據五章34節，天是神絕對管治的座位。第三人稱命令語氣的「為聖」（hollowed）指出，禱告者希望神或神的名得到尊崇的心願。在耶穌的時代，名字是人的象徵。舉例來說，十章22節與二十四章9節都論及，當耶穌的門徒承接並執行耶穌末世的使命時（參十41～42），他們將要為耶穌的名被逼迫。在他處經文我們也看見門徒奉耶穌的名聚會（十八20），或奉父子聖靈的名為信徒施洗（二十八19）。主禱文隱含分別為聖之人或物，具有分隔（separate）的特殊本質。正如耶穌在後文有關聖殿的教導（二十三17），耶穌明說是聖殿而非金子成聖。金子之所以與聖殿相關，乃是因為它具有代表聖殿為聖的象徵性力量。因此綜合「神的名為聖」的觀察，我們可以具體地說，神的名所具有的「分隔性」（separateness）或「相異性」（otherness）指出，天國公民所承擔的宣教與末世使命。

以神的名為聖的理想，帶出主禱文的開始。耶穌一開始就將焦點放在禱告的心態上，祂要求禱告者在為個人需要祈求之前，先定睛仰望天上的父。這與六章1節有關善事教導的焦點完全一致。動機與心態永遠是信徒的首要優先。主禱文一致地教導信徒，天國並不僅是將善事行在人前（六1）。信徒的惟一關切應該是神。這也為我們帶出主禱文第一部分之第一單元的結論。

主禱文第一部分的第二及三單元，以神的國及神的旨意為焦點。六章10節的討論，包含神在天上及地上工作的互補平行對照。[46] 這類的平行對照顯示，信徒盼望神在每個地方工作的心願（即天上與地上）。我們看見馬太將這個觀念，散佈在馬太福音的五個講論中，以展現天國徹底的影響力。因這個觀念在主禱文出現，使得主禱文這段講論具有指向其他四個講論的功能。這個觀念也在最後一個講論中達到高峯，因為它帶出人子真實國度的降臨（參二十五1～46）。一個希望神國來到的禱告者，必然知道隨著這個祈求而來的儆醒與責任。

主禱文的第二部分，以一連串的個人需要為焦點。第一個需要與身體有關，耶穌以「我們日用的飲食」，豐富地表達人在這方面的需要。首先，複數的人稱代名詞「我們」，清楚地帶出集體的概念。因此，門徒所祈求的日用飲食，乃是為了與眾人分享。其次，這段經文也表現初期教會的肢體生活，因為當時的門徒如同一體，幾乎每天都在一起彼此交接與祈禱（徒二42～47）。可見，日用的飲食不單是為了滿足個人需要而已，每個人應該將多餘的與眾人分享。這個教導與施捨的教導（六2～4）前後一致。這個教導也成為後文富有少年人之敘事的前導（十九22～23）。在這個敘事中，富有的少年人因為不願意變賣自己的所有給窮人，而無法進入神的國度。天國公民並不為自己或自己的榮耀行事（例如六1），而是為了弟兄與姊妹，因為他的飲食並非僅為個人享用。他的一切供應完全來自神。第三，「每日」供應的飲食，強調門徒在等待天國降臨之前的簡樸生活。第四，神按日供應飲食，以使門徒不致將物質的祈求作為生活的焦點。無怪乎，主禱文的內容只有一個句子關乎身體的需要。第五，禱告沒有以身體的需要為焦點，表示門徒對神的完全信賴，因為他們相信「在沒有祈求以先，你們所需用的，你們的父早已知道了」（六8）。耶穌的教導確保富人沒有過多剩餘，而窮人也不會過度貧乏。

主禱文沒有以身體的需要為焦點，但以關係與屬靈的力量為關注。與物質的受益相對，主禱文顯示關係才是天國的所得（參十九27～30）。[47] 所有的人都有關係上的需要，天國公民也不例外。在這段關係的討論中，六章12節論及我們對他人的赦免與神對我們的赦免有關。既然赦免將在末世完全實現，我們可以說此處的赦免，具有隨時願意赦免的意味。[48] 赦免並不是一次完成的單一事件。這裏所有的關係討論皆與前面的討論相關。如同前文所述，和好可以阻止仇恨的發生（五23～24）。五章23至24節又特別與敬拜有關。相同的討論也出現在個人報復的議題中（五38～41）。至目前為止，所有的觀念都十分被動與消極。天國公民必須採取和好的行動，因為他得罪了弟兄（五23），他是犯錯的一方。將左臉轉過來，則是個人被攻擊或羞辱的回應，受害者處被動的地位。

然而，六章14至15節中的受害者，既沒有錯也沒有被動地轉過左臉來。耶穌的所指乃是一種由意志產生的赦免行動。「債」一字，反映亞蘭文將罪視為欠債的傳統看法。在神的眼中每一個人都是債務人，因此需要發出六章12節的禱告。尤有甚者，債與罪相關的觀念十分生動，因為每次我們犯罪時，我們就又累積了更多的債務。因此當我們以憐恤待人時，我們顯出自己對神現在及未來憐恤的依靠。我們對於一般性債務的看法，決定我們如何看待自己與神的關係。我們對於弟兄的赦免，也成為我們向神祈求赦免的前提。主禱文在此開始了一個憐恤的循環。六章14至15節再次藉著天父的提及，為讀者預設新家庭的價值觀。另外，二十一章13節讓我們看見，耶穌將聖殿稱為禱告的殿，與那些在聖殿作買賣獲暴利的價值觀完全相反。具公義與合宜次序的宗教制度（例如聖殿）應該是禱告的前提。對於今日信徒而言，馬太所關切的這個宗教制度顯然就是教會。

除了我們與神及與人的正面關係外，六章13節也論及我們與惡者的負面關係。直截了當的經文讓我們看見，神可以將我們引至試探中（四1），但祂也可以救我們脫離兇惡的網羅。[49] 這節經文暗示我們無法單獨反擊兇惡者以及兇惡的勢力。我們迫切需要神的幫助。

我們很容易將耶穌對於主禱文或禱告的一般教導，視為僅與禱告有關的講論；但我們必須記住六章1節是這段經文的總綱主題。如此說來，主禱文並不僅為了給與讀者一套禱告的公式，而是要讀者認知行善事的優先順序。主禱文對於行善事的教導，其實已經含蘊在六章1節的總綱主題中。那麼，到底主禱文為六章1節帶出何種教導？主禱文讓我們看見，正確的行善並不以自我為中心，而是以神為中心。如同天國裏的禱告一樣，惟一合神心意的善事必定出自信心。尤有甚者，合神心意的善事，也必定如同六章13至14節的論說一樣，關切與弟兄或姊妹之間的關係。換言之，神必然賞賜那些謹慎平衡內在品質與外在表現的信徒。這也正是禱告的講論，為六章1節帶出的教導。

禁食

善事的最後一個範例就是禁食。禁食重複出現於馬太福音九章，顯示禁食在耶穌時代是一項重要並且時常引起爭論的宗教常規。然而，恰與法利賽人相反地，耶穌並沒有將太多焦點放在禁食的議題上。如同前面善事範例的結構形式，耶穌在提及「當行之事」前，先行討論「不當行之事」。但與前面的兩個善事範例完全相反，外冒在禁食的討論中佔極重要的地位。耶穌鼓勵祂的跟隨者將善事行在暗中。但在此，耶穌卻論及禁食者的外冒。耶穌之所以帶出不同的教導，乃因善事的本質各異。如果禁食者躲藏起來，那麼別人可能因為好奇他的隱藏而更加注意他的行動。在這種情況下，耶穌反諷地教導人，不要故意叫人看出自己在禁食。禁食者應該以正常的外冒，將禁食行在暗中。禁食的動機與前面兩個善事範例一樣，都是要避免得人的榮耀。

禁食已經成為猶太教的慣常宗教行為。法利賽人時常禁食就是一個最好的例子（九14）。我們不了解法利賽人如此行的目的為何。但他們禁食的結果卻早顯明於六章16節。耶穌在九章15節具體說明禁食具有哀慟的目的。耶穌認為法利賽人的宗教行為就像舊皮袋一樣（九16～17），無法裝盛彌賽亞來臨所引出的新酒。因此，法利賽人繼續地禁食。如果法利賽人真正認識耶穌就是彌賽亞，那麼他們就不會再將引人注意的禁食作為一種宗教時尚了。

耶穌教導天國公民不要仿效法利賽人，故意將面冒弄得難看叫人看出自己在禁食。這是一個有趣的觀察，因為他們的臉有可能在禁食的時候已經變得難看。那麼，為甚麼說他們假冒為善呢？根據前面的教導重點，耶穌指出他們的動機是要「叫人看見他們在禁食」。他們的臉難看並不全因禁食的緣故，更是因為他們故意讓自己變得難看，以叫人看見他們禁食的善行。如此說來，這三個善事範例所帶出的動機討論完全一樣。為了避免假冒為善者的錯誤，耶穌勸告祂的跟隨者將自己梳理乾淨，以使禁食的善行僅讓天父看見。

3. 省思與應用

這段經文的應用絕對不可脫離六章1節的首要原則。內在動機絕對先於外在行動。當我綜覽眾釋經書對於這段經文的詮釋時，我發現許多釋經者都沒有將應用適當地與六章1節連結在一起。他們的重點多數集中於「如何」施捨、禱告與禁食的仔細討論。平衡地說，這三項代表敬虔的善事對基督徒的生活極為重要，但這些經文僅代表最低的天國標準。天國公民所行的善事絕對超越這三項範例。但無論行多少善事都應本著高貴的動機。如果讀者沒有使用一般性的原則而以律法主義的角度詮釋經文，那麼耶穌的教導所具有的彈性與廣闊範圍將受到嚴重的限制。這段經文的應用實際上非常廣泛。我們可以將這段經文應用於任何一種教會羣體視為神聖的善事。換言之，這段經文所提供的標準涵蓋全面的基督徒生活。

除了應用的彈性與寬廣度之外，耶穌的倫理教導也繼續帶出引人注意的末世展望。一個經常被基督徒忽略的要點就是，神賞賜那些正確表達義或善行的信徒。我曾經聽過一些過度敬虔的教會領袖，高談賞賜不應是行善動機的教導。他們如此說：「我們應該行善，因為我們愛耶穌。」他們所說的話只含一半的真理。賞賜的確是一個正常的動力因素，並且是天國生活的一項事實。我相信當人子回來時，每一個基督徒都想討祂的喜悅。賞賜正是神讚許善行的一種方式。當然，在等候人子降臨之同時，信徒必須耐心地延緩獲得賞賜的滿足。

與今日講道者強烈對照的是，耶穌不但不逃避有關財務管理的議題，祂還將財務的理想與實踐視為天國價值觀的優先教導。當我們觀察耶穌討論管家責任的方式時，我們發現耶穌在討論財物的數量之前，先提及動機的檢視。顯然，大有力量的六章1節的原則，是支配一切教導的總綱。許多基督徒所犯的錯誤就是，他們重視財物的數量過於內心的動機，以至將善事行在人前而忘記神才是行善的終極焦點。耶穌並未說財物的數量不重要。但祂勸誡聆聽者要全心事奉神，不能又事奉神又事奉瑪門（六24）。可見，耶穌暗示所有的金錢都屬於神。大量的奉獻是重要的！然而，奉獻背後所隱含的動機更顯重要，因為內心動機必須正確，奉獻的數量才具有意義。如此說來，心是第一優先，而數量則屬其次。

鍾馬田以一個極為有趣的故事，作為我們奉獻心態的例證。[50]讓我簡略地述說故事內容。有一個基督徒農夫歡喜快樂地告訴太太，他的牛生了雙胞胎。這兩隻小牛一紅一白。農夫說：「當時機成熟時，我要將這兩隻小牛賣掉，並將其中一隻的賣價所得獻給神。」妻子問他：「你怎麼知道，哪隻小牛要獻給神？」農夫回答：「我們現在不需為此掛慮。當時機成熟時，就按著我的話行罷！」過了一段時間，農夫愁容滿面地回家。妻子問他：「出了甚麼事？」他回答：「神的牛死了。」妻子回答：「哪一隻是神的牛呢？」農夫說：「白的。」妻子再問他：「你如何知道小白牛是神的牛呢？」農夫說：「當然我知道，我早就決定小白牛是神的牛了。現在牠竟然死了。」或許我們覺得這個故事很可笑，但這種心態卻反映許多基督徒奉獻的動機。基督徒時常僅將次好的獻給神。這種奉獻態度無形地傳遞著一個悲哀的信息，叫人覺得我們所事奉的神只是一個次等的神。

另一個有關財務管理的應用就是，耶穌認為將財物施捨給窮人是天國公民生命的自然流露。舊約聖經有些如何幫助窮人的具體條文，但耶穌在此所提的似乎超越舊約條文的額外施捨。耶穌沒有說：「如果你施捨窮人。」令人驚訝地，祂說：「當你施捨窮人時。」耶穌毫不辯論施捨的必要性。對耶穌而言，施捨的責任直截了當，根本不需要任何說服的論證。耶穌的財務觀與重視物質的現代人完全相反。現代人只知為自己累積財物，卻不思慮他人的需要。然而，耶穌的跟隨者持守天國的觀點，因此他們對於物質財富的看法與眾不同。任何超越正常責任的施捨，都是天國公民的基本責任。換言之，天國公民的最低標準就是留心窮人的需要。物質的財富（無論是豐盛或缺乏）是神用來祝福缺乏之人的管道。「我第一」的心態並不存在於神的國度中。耶穌要求祂的子民幫助比較不幸的人，但並不是出於共產主義的法律制定，而是發自情願及憐恤人的心腸。憐恤人的施捨是首要優先，並非事後添加的想法。

信心與財務管理緊密相連，因為當耶穌教導禱告時，祂提到天父知道天國公民的需要（六8）。信心也是信徒行善事的一個重要元素。因為信心軟弱的行善者，將尋求人的認可（六1a）。而信心強壯的行善者，則單單仰望神並等待祂完全的賞賜（六1b）。信心是禱告過程的不可或缺。極有意思地，禱告的教導出現在施捨的教導之後。可見，財務管理與信心的議題應該併行觀察，而不應分開討論。一個善盡財務管理職責的天國公民，顯示他對天父所具有的信心。他的信心健全又茁壯，因為他相信富有的天父必定豐富地給與祂所愛的兒女。也就是說，當我們愈明白神的憐憫與美善時，我們愈能藉著施捨窮人的行動，與人分享神的憐憫與美善。如此一來，我們自然流露天國公民與天父兒女的真正身分。

信心也在另一個層面顯示它與六章1節的關連。例如，門徒願意將善事行在暗中就是信心的表現。當人重視別人的想法時，他已經尋求現世的賞賜。然而，真實信心的所求卻恰恰相反。門徒應當勇敢執行基督的工作，並且不以外在的表現為專注。他們雖然沒有現世的賞賜，但在最後審判時主耶穌必然賞賜。門徒的公眾或私人生活，就是信心的具體表現。

耶穌有關禱告的教導也極具教育性，可以幫助禱告者檢視自己禱告的動機。現代有許多人藉著禱告炫耀自己的神學或聖經知識。他們的禱告好像迷你的講道，因此引起他人的注意與讚賞。主耶穌必定非常厭惡這種長篇大論的虛偽禱告。另一些人則為避免個人榮耀的問題，而採取另一種極端。他們盲目地遵守主禱文，使其變成一種公式化的儀式禱告。事實上，布魯姆伯格指出早期的基督教文獻《十二使徒遺訓》，命令信徒一天要背誦主禱文三次（*Did*. 8.3）。[51] 耶穌也不喜悅如此呆板的禱告。當我們觀察耶穌的禱告（約十七章）與此處的禱告所具有的共同性時，我們可以結論耶穌僅是跟隨當時的禱告「形式」而已。形式不如心態、動機、及精意來得重要。將主禱文與約翰福音十七章的禱告相互比較，與本書注重智慧教導的解讀方向完全一致。登山寶訓的上下文顯示，耶穌容許信徒廣泛應用所有天國價值觀的教導。主禱文是耶穌智慧教導的一部分。然而，有些自以為屬靈的世俗人道主義者，認為「禱告」對人有心理上的好處。但事實上，耶穌要祂的跟隨者禱告並非因為禱告會為他們帶來好處，而是因為這是他們生活的必要部分。

如果我們將登山寶訓視為智慧箴言，那麼主禱文就是刺激思考的工具。主禱文將令人思考：「為甚麼耶穌要祂的門徒以這種方式禱告？主禱文如何讓我們看見，耶穌所重視或不重視的關切？」等問題。這類問題的答案，應該由主禱文的上下文來尋求。禱告所帶出的終極議題，就是以神的關切而非人的讚賞為首要優先。這種與自我為中心相對的禱告，可以帶領我們攀登更高的屬靈境界。它讓我們在行動之前，駐足片刻並反省自己。

耶穌對於會堂及假冒為善人士的例證引用，使我們更加了解為甚麼我們不應該將善事行在人前。因為所有的榮耀都屬於神。任何想為自己得取榮耀的人，都強奪了神的榮耀。強奪神的榮耀是一項致命的罪行。有時候我們作一些非常荒謬的事情，讓那些我們一點也不在乎的人對我們印象深刻，並在同時奪取神的榮耀。到底這些愚昧的行動具有甚麼意義呢？我們如此行常是為了尋得一般人的接受、政治的利益，或社會的認可。我們取悅他人以便從中得利。這是純為自己的利益而行善的最佳例證。但所帶出的諷刺就是：當人的賞賜與神的賞賜相較時，人的賞賜實在不值一提。

耶穌使用會堂為例證，顯示跟隨人而不跟隨神的荒繆。然而，馬太福音中的天國公民在會堂裏受逼迫並且遭其疏離。因他們與會堂疏離，他們與社會更進一步隔絕。但耶穌提醒天國公民，神是我們的天父，惟獨神真正關心我們。藉此觀念，耶穌為我們帶出有力的論證，教導我們應該將善事行在最愛我們的天父面前。這整個教導的確指出現代信仰所處的困境。我們必須注意耶穌對法利賽人的定罪，與自我提升社會－宗教地位的行為有關。當我觀察眾多教會領袖服事教會的模式時，我發現一件明顯的事實。那些喜歡玩弄政治的教會領袖，非常關切別人對自己的看法，甚至到可以犧牲整個教會福祉的地步。人非常容易落入這種陷阱。至終，敬虔的外冒成為得利的工具，但也成為使人無法進入神國的絆腳石。在耶穌的定罪講論中，祂要我們將追求自我利益的心態棄置一旁。耶穌所為我們帶出的屬靈原則就是，當我們愈不關切人們對我們行善的想法時，我們將獲得愈大的賞賜。反面來說，當我們愈在乎別人對我們行善的想法時，由神而來的賞賜將變得愈小。心態的選擇，是屬靈得勝或失敗的關鍵。

那麼，到底耶穌對於善事的看法為何？身為人，我們可能有許多行善的理由。有些理由全然錯誤，但有些卻非常高貴。其中最糟糕的行善動機就是驕傲。耶穌所引用的例子全部與驕傲有關。相反地，沒有任何一種行善動機比討神喜悅來得更美好，因為行善的動機正是我們身分的顯明。以本質來說，我們是神的兒女，正是第六章所有教導的具體摘要。

4. 問題思考

- 除了施捨、禱告及禁食以外，還有哪些是我們例行的善事？
- 嘗試使用本章公式化的結構來觀察這些善事，並且思考我們所當具有的正確行動與心態。

- 為甚麼我們試圖討一些不關心我們之人的歡喜，而忽略了最關切我們的神？
- 我們如何將這段教導的原則，應用於財務管理與禱告生活上？
- 耶穌對於物質財富的看法為我們暗示何種金錢觀？
- 主禱文對於善事的看法為何？
- 主禱文如何顯示天國的優先順序？
- 為甚麼耶穌將身體的供應稱為「我們日用的」飲食？
- 在主禱文中，耶穌對於天國羣體的概念有何看法？

結論：首要（六19～34）

1. 引言

六章19至34節為前面的討論帶出一個佳美的結論，因為耶穌周全地考量六章1至18節有關善事的所有議題。這段結論如何為上述的討論帶出貢獻呢？第一，前面的段落探討動機，而這個段落則談論內心。這兩個議題顯然在概念上緊密相連。第二，前面的段落談論信徒如何在人前行善事。這個段落則思考信徒不管在人前或人後，所應持具的個人價值觀。我說「個人」價值觀，因為六章19至24節的人稱代名詞，由六章1至18節的複數形態轉變為單數形態。正確價值觀的持守，是一種十分個人性的決定。連結這兩個段落的字彙就是「天上」一字。可見，「天上」的意義並不僅指一個地方。它暗示與神有關的價值觀。第三，六章19至21節繼續前面段落的「智慧箴言」形式，因為“μὴ……δε”的建構普遍出現。這種建構顯示此兩段落具有相同的論證形式。它們都先討論負面的價值觀，而後再對照性地帶出正面的價值觀。第四，六章1至18節的段落論及神賞賜以正確態度行善的信徒。在此，神則賞賜具有正確價值觀的信徒。這兩個段落的結論都與優先順序有關。

如此說來，到底甚麼是優先順序呢？耶穌以下列三個類比為我們帶出清楚的例證。第一，祂談及內心（六19～21）。第二，祂論到眼光（六22）。第三，祂觀察事奉（六24）。這三個例證的邏輯十分清楚：內心先於一切。優先順序在於內心之取決。接著，內心將影響人的眼光。最後，眼光則促使行動的產生。

2. 詮釋

正如耶穌的典型講論，在進入天國正面價值觀的探討之前，祂先以負面的命令為開始。這一負一正的命令，成為統管整段經文的主要支柱。因為其餘的經文，都在論證這兩個命令的有效性。

第一個命令是不要為自己積存財寶在地上。在馬太福音中，積存的字彙僅在此處出現。耶穌在這個命令中加上「為你自己」，顯示積存的目的乃是藉著如同合法儲蓄的個人投資方式，以獲取某種利益。這個負面命令的理由，就是地上財寶不但暫時並且危險。它是暫時的，因為不但有蟲子咬還有可能會銹壞。它也是危險的，因為有賊挖窟窿來偷。

第二個命令是只要積存財寶在天上，因為天上不但永恆並且安全。[52] 再次地，這個選擇也是為了個人的好處，因為耶穌仍然使用「為你自己」一詞。當我們將六章19至20節一併解讀時，我們發現一項極為有趣的觀察。天上與地上的二分法十分清楚。地上代表暫時的價值，而天上則代表神的價值。事實上，馬太福音的他處經文將財寶與天國相互比較，天國具有人一切所有的價值（十三44）。因為當人找到寶貝時，他變賣一切所有的來擁有它。如此說來，耶穌並不僅以可見的（即地上的）與不可見的（即天上的）為討論對象。耶穌更進一步強調相互對立的價值觀。耶穌還為這兩個命令加上一句結論性的陳述：「因為你的財寶在那裏，你的心也在那裏。」（六21）財寶就是心之所在。心則是價值觀的蘊藏之處。如果人的價值觀或思想／感情，傾向暫時性的事物，那麼他所擁有的財寶將反映出他內心的思想。耶穌絕對不反對儲蓄的觀念，但祂認為信徒不應該在心理上與屬靈上，被與金錢有關的事物纏擾。在與富有少年人的對話中，耶穌同樣論到天上財寶的重要性，並要求少年人變賣他的一切所有。因為這才是富有少年人獲取天上財寶的方式（十九21）。耶穌特別吩咐富有少年人變賣自己所有的以嘉惠窮人。對於現代人來說，這種說法似乎太過誇張。或許略顯誇張了一點，但馬太筆下的耶穌的確要求富有少年人具體實踐祂的吩咐。在這個階段，我們必須嘗試了解天上財寶的真實意義。當我們將這段經文的標題與六章19至24節和六章1節的標題相互比較時，天上財寶的真實意義立即呈現。六章1節顯示故意叫人看見以得稱讚的行事心態。六章19至24節讓我們看見，為了賺取個人享受的行事心態。這兩段經文顯然緊密相關，因為六章2至4節繼續提出有關財富的例子。而六章19至24節也以財富為討論焦點。如此說來，整個上下文皆與財富有關。換句話說，如同六章1節的陳述，我們的財富價值觀完全與我們的動機相連。這兩段經文的標題皆針對動機提出討論。更具體地說，我認為馬太對於積存財寶在天上的觀念，與將財富分給窮人的善行有關。所以我們必須以正確的動機行善事，可見六章1節已先行預備了我們，以使我們能正確應用六章19至24節的教導。乍看之下，天上的財寶似乎是一個頗抽象的觀念。但它並不難明白。事實上，正如同後文十九章21節的有力陳述一樣，天上財寶的定義就是使用我們的財富來幫助別人。天國的工作不外乎以基督的名來幫助他人。至終，天國的工作仍然歸結於一個人的內心。內心的意念將影響我們處理財富的行動；也因此顯明我們最根本的動機與態度，這兩者都需要神國度的更新與變化。

若由智慧文學傳統較廣的應用角度來看富有少年官的故事重點，我們將發現人的財富並不僅限於金錢，因為凡佔據人心的，就是人的財寶。對於富有少年人而言，他的一切所有就是他的財寶。一個人讓甚麼樣的事物佔據自己的生命，成為決定他是否將財寶積存在正確地方的關鍵。在馬太福音中，耶穌一再強調信仰不只是作或不作某些事；信仰的真正本質乃是正確價值觀的抉擇。實際上，這個有關財寶的教導成為後文討論天國信息的前舖（十三44～46）。根據十三章44至46節的比喻，天國值得尋到的人付上一切的所有來購買。如此說來，基督徒在兩種財寶價值觀（即天上或地上）的競爭中生存。然而，惟獨其中一種價值觀是基督徒生活的標準。時間、財寶和才能，都可以成為我們投資在天上或地上的「財富」或「財寶」。關鍵在於我們是否以基督的名，將這些資源用來幫助別人。

為了例證自己的觀點，耶穌引用兩個最令人喜愛的類比。第一個類比是眼睛的類比。耶穌非常生動地將眼睛比喻為身上的燈。如同前文的眼睛例證，單數形態的眼睛象徵道德的眼光（五29）。可見，眼光是心的指標。耶穌認為一個人的道德眼光之所以美善，乃是因為他的內心具有正確的價值觀。眼光不應該黑暗，[53] 因為這並不是正常的現象。眼光與內心同時照亮產生行動的身體，因此身體充滿光明（即好行為）。[54] 馬太福音有關身體的教導，大部分出現於登山寶訓。這種寫作方式顯示，登山寶訓有關內心的教導直接影響身體的行動。儘管馬太重視人的內心，他至終仍關切人的行為表露。心誠然是身體的起動力。

為了更進一步例證祂的觀點，耶穌借用奴隸的類比。奴隸與事奉有關。極引人注意的是，即使在類比的引用中，耶穌仍將道德眼光與傾向置於行動之前。因此，祂再次重申心先於事奉行動的重要性。希羅的法律制度要求奴隸對於主人完全忠誠。甚至當一個奴隸被借與另一個主人時，他的所有權仍然沒有改變。[55] 原來的主人仍有權取回奴隸。這個法律類比與前面身體的類比極為一致。因為奴隸的身體是主人的財產。這個類比的巧妙之處在於，耶穌又一次使用誇張的修辭法傳達祂的觀點。忠誠與愛十分相似。不忠誠與恨也十分相似。如此說來，在愛與恨的二分法中，耶穌清楚地例證了兩個極端。一個為耶穌的緣故而忠誠的人，將不可避免地對其他「地上的」的關切不忠誠。一個人的投資將顯示他的愛或忠誠。如果他喜愛投資於地上的事物，他對於天國的態度就等同於恨惡天國的主人。耶穌要求信徒付上百分之百的忠誠。耶穌的陳述清楚肯定：「你們不能事奉神又事奉瑪門。」耶穌沒有說，你不能有錢又事奉神。相反地，祂說你不能「事奉」神與瑪門。換言之，神與瑪門是兩個不同的目標。一個人或投資於地上或投資於天上的財寶，正好顯示他所事奉的對象是瑪門或是神。如果我們觀察「主」一字在馬太福音出現的次數，我們將更清楚看見忠誠感的強調。根據上下文，這個字有可能具比喻的功能，也有可能被用來描述耶穌或天父。無論如何，忠誠的對象應該永遠是耶穌或天父。不忠誠是無法被接受的事。馬太並不認為天國公民可以將忠誠分為兩半，或以耶穌與神以外的人為忠誠的對象。在馬太福音的神學中，奴隸類比所具有的涵意嚴肅重要，不容信徒忽略。不忠誠違反天國原則。忠誠是愛，不忠誠是恨。在這兩個極端之間，並沒有中間立場的存在。

為了回應上述的教導，耶穌特別在六章25至34節解釋這些教導的涵義。耶穌使用較小的飛鳥（六26）及百合花（六28），類比天國公民（六26～27、30）以論證祂的觀點。正如現代信徒喜歡律法化耶穌教導的傾向一樣，許多譯本以「不要憂慮」作為這段經文的標題。我甚至聽過講道者傳講憂慮是罪，因此基督徒不應該憂慮的信息。但這並不是耶穌的重點，除非我們任意將六章25至34節視為與六章19至24節毫無關係的獨立段落，否則，「不要憂慮」的標題將造成誤解經文的後果。這整段經文並非有關不要憂慮的探討。事實上，它是針對天國價值觀（六19～24）而提出的一種回應。這段經文實際地處理下列的抗議：「如果我們不能積存財寶在地上，那麼我們應當如何處理物質的財富？」為了回應這個抗議，耶穌回答：「不要憂慮。」耶穌以「所以」為開始，以便顯示這段不要憂慮的經文與前述段落的關連性。當我們為了達到自己講道的目的而將「所以」一字視而不見時，我們對於經文的應用將變得不夠精準。有時我們甚至百思不解，為甚麼我們的應用不具任何果效。

耶穌首先告訴信徒如何調整自己，以對天國價值觀作出正確的回應。耶穌要門徒不要憂慮飲食與衣裳。在此，耶穌再次由第二人稱單數轉變為第二人稱複數形態，使祂的教導成為一般性的陳述。六章19至24節所使用的第二人稱單數形態，容讓信徒對於物質財富的處理作出個人的抉擇。六章25至34節的第二人稱複數型態，則包含所有的聽眾。對耶穌的聽眾而言，他們的生命就是食物、飲水、與衣裳。[56] 他們的生命仰賴這三項最基本的需要。沒有食物或飲水，他們將會死亡。沒有衣裳，他們將赤身露體而不得保暖。由上述不要積財寶在地上的討論，耶穌現在進入有關生命基本需要的教導。天國公民根本不需要憂慮生命的基本需要，更遑論積存任何財寶在地上。在此，耶穌認定人天生具有為基本需要憂慮的傾向。祂在六章25節下中，提出一個值得信徒省思的問題：「生命不勝於飲食嗎，身體不勝於衣裳嗎？」這個問題要求信徒給與一個「是」的答案。生命的確勝過食物、飲水與衣裳。然而，現實可能為人帶出另一個全然不同的故事，因為許多巴勒斯坦的聆聽者正在維持基本生活的邊緣上掙扎。生命對他們來說，就是食物、飲水與衣裳。耶穌當時的社會現象仍然可見於現今的時代。一個人所使用的食物與飲水，以及一個人所穿戴的衣裳，成為他所屬社會階層的指標。如果耶穌的聽眾憂慮生活的基本所需，那麼他們絕對不可能來自優雅休閒的富裕階層。相反地，在耶穌的聽眾中，有許多是貧窮的農夫，他們必須以血汗及勞力維持他們的基本生活。既然耶穌不僅針對中產階級的聽眾講論，祂一定需要對祂的講論提出解釋。

耶穌使用飛鳥及百合花兩個例子解釋祂的講論。這兩個例子是典型的由輕至重論證方式。耶穌引用自然界微小的飛鳥及百合花來比喻重要的人類。[57] 飛鳥的例證針對食物的議題。百合花的例證則針對衣裳的議題。耶穌首先針對食物提出討論，因為在本質上食物是生命的最基本需要。耶穌的起初命令也以食物與飲水為優先。畢竟，如果我們沒有食物與飲水，那麼任何種類的衣裳都不再具有意義。

在飛鳥的例子中，耶穌的焦點在於神的供應，因為飛鳥既不種、不收，也不積蓄食物在倉裏。雖然六章26節的積蓄與六章19節的積存，並非相同的用字，但它們卻同具一樣的概念。飛鳥並不積蓄食物在倉裏，這些飛鳥並不是養在家中有主人按時供應食物的家鳥。相反地，牠們是一羣自由飛翔在「天上」的野鳥。牠們似乎需要自己尋找食物，但實際上是神容許他們獲得足夠的食物。然而，天國公民不但耕種、收割，並且將食物積存在倉裏。有許多基督徒誤解耶穌的教導，以為耶穌反對儲蓄，因此他們不耕種、不收割，也不積存食物。這顯然並非耶穌教導的心意。如此說來，信徒不管在那一方面，都比飛鳥更佔優勢。因此，他們實在不需要為食物憂慮。耶穌在六章27節所提出的問題，顯示沒有一個人能用思慮使壽數多加一刻。憂慮並不能增加壽命。憂慮也無法提供更多或更少的食物。憂慮暗示人有辦法完全掌控自己的生命。耶穌告訴我們天父掌控一切。天父也關心祂的兒女。如果連不是祂兒女的飛鳥都不會因缺乏食物而滅亡，神不是更加照顧自己的兒女嗎？

在百合花的例子中，耶穌談論神對於衣裳的供應。耶穌不僅指出供應的不缺，更提到衣裳的榮美。百合花的美麗遠勝至尊的所羅門王。神既然給野地百合花如此的裝飾，更何況祂所關心的天國兒女呢？耶穌使用「你們這小信的人哪」責備天國公民，因為天國公民具有信心，但光有信心仍然不夠。信心有不同程度的分別。有些人的信心極大，但有些人的信心卻極小。然而，不論信心的程度如何，信心必須不斷長大與成熟。品質良好的信心承認神是一位好父親。當信徒愈來愈體會自己與天父之間的關係時，他對生命愈有一番新鮮的理解。忠於瑪門而不忠於耶穌，是信心微小的表現。憂慮正等於對於神的供應與照顧沒有太大的信心。憂慮顯示天國公民不相信神掌管自己兒女的美善旨意。耶穌不要天國公民為食物、飲水，以及衣裳憂慮，因為這一切代表外邦人的價值觀。不是真以色列人的外邦人，尋求這些生活需要，因為他們根本不認識神。藉著這些日常生活的例證，耶穌告訴祂的門徒將生命投資於天國，因為神已經如同天父照顧兒女一樣投資於他們身上。既然如此，他們為何還想要投資於地上的財寶或為贏得人的賞賜而行善呢？神是惟一重要的，因為祂的兒女對祂極其重要。在這段教導中，我們看見兩個相互競爭的價值觀。耶穌再次提醒天國公民，神知道他們的需要。正如耶穌在六章7至8節教導祂的聆聽者，不要像外邦人用許多重複話向神祈求一樣。外邦人在這兩處經文犯完全相同的錯誤（六7～8、32）：他們缺乏對神的真正認識。[58] 耶穌在六章重複將神描述為天父，並非巧合。實際上，在涵蓋登山寶訓的三章經文中（五～七章），六章對於「天父」一字的使用最頻繁。一個真正的天國公民不應該犯外邦人的錯誤。換句話說，我們的生活方式展現了我們對於天父的認識。

耶穌以一個正面的命令總結這段經文的討論。耶穌要天國公民先求祂的國和祂的義，神就會將這些基本需要加給他們。耶穌不僅說尋求祂的國，耶穌明說「先」求祂的國。有些人的確尋求天國價值，但他們並沒有將其視為首要優先。十九章16節及以下經文中的富有少年人，極力尋求天國價值以使自己能夠遵守所有的命令。然而，因他豐盛的物質財產，他拒絕「先」求神的國，因此他只能悲傷地離開耶穌。再次地，耶穌所針對的問題並不是財富，而是生命的優先順序。神的應許也不是奢侈的享受，而是生活的基本需要。憂慮有可能導致一個人不去尋求天國的價值。斯克特寫到：「『天國』與『義』兩者，都依據天國公民與神之間的關係而成為天國公民的記號，並且成為天國公民努力的目標。」[59] 所以，耶穌不斷地重複不要憂慮的要求。對於天國公民而言，一天的難處，一天當就夠了。

耶穌呼籲祂的聆聽者接受信心的挑戰，以預備他們面對十二使徒受差宣教的迫切使命（十章）。當他們出去時，他們不需要帶金銀銅錢（十9）、衣裳或食物（十10）。因為他們所要行的善事，將使他們成為天國的工人。他們要傳講天國近了、醫治病人、叫死人復活、叫長大痲瘋的潔淨，並且把鬼趕出去（十7～8）。他們的所行與耶穌的事工一樣。這種事工的承擔優先於“ψυχή”。他們極有可能受到喪失生命的逼迫（例如十21～22、28）。如果一個人太過關切“ψυχή”，那麼他將無法彰顯「天國」與「義」的身分特徵。蘇格蘭的釋經者麥克拉倫（Alexander MacLaren）在他的靈修著作中如此寫著：「與其享受快速消逝的財富所能帶來的甜蜜；不如擁有世界不能給與或奪走的財寶。」[60] 世界一點也無法與神的國度相比，因為神的國度遠勝世界所能擁有的一切。

3. 省思與應用

我發現這段經文的開始，具有重要的教導意味。太多時候，基督徒以為富有必定與物質財富有關。但耶穌並沒有以這種膚淺的看法開始祂的教導。耶穌的討論並不僅限於財富、道德邪惡或道德美善。更確切地說，投資與心態才是祂的討論重點。雖然許多人偶發地尋求天國，但耶穌所談論地卻是「先」尋求祂的國與義。耶穌要求祂的跟隨者，以天國的優先為生命的優先。投資是屬靈與理智傾向的一種表現。一如登山寶訓的普見特徵，耶穌再次提出由內心開始的教導。內心是行動的源頭。內心所設立的優先順序，將帶出某種行動的結果。耶穌提出這段教導的主要目的，乃是要每個人謹慎默想並且反思自己的內心光景。祂不要人以這段經文作為審判他人的根據。

在每一個有關個人財物與生活方式的決定上，天國公民必須不斷地調整優先順序。即使無人在旁觀看，天國公民都應該如此行。因為這與在人前的表現無關（例如六1～18）。許多時候，信徒問我如何定義「正直」一字。我認為在無人觀看時所作的個人抉擇，是表現正直的最佳方式。天國的正直，在無人觀看時發生。我相信這就是耶穌的心意。

在現代社會中受苦是生活的一項事實。當人類的罪不斷累積時，受苦也隨之加增。我們常自以為現代人終於發現人類受苦的真正範疇。但如同韋斯特姆（Stephen Westerholm）的洞察所見：「若我們認為生活的受苦層面是現代人的新發現，那我們實在太愚昧了。馬太福音六章的經文提醒我們，每一天都有每一天的難處。」[61] 但在此我們也面對一個難解之謎。因為耶穌並沒有解釋，為甚麼有時飛鳥會掉落在地上，另外，有些人會因為飢餓而死亡。沒有解釋並不代表耶穌對於這些議題毫不關切。耶穌乃是要祂的跟隨者不論在何種境況下，都能單一地信靠神的美善。

到底耶穌所要的選擇是甚麼呢？在財寶的討論上，我們看見耶穌的教導，傾向天國的投資而非個人享受的追求。如此說來，耶穌所談論的乃是一種不以自我為中心的生活態度。這種生命態度為天國而活並以天國為優先。這是不是表示我們不能休息，或從工作中抽閒度假？答案肯定是「不」。耶穌的修辭一貫地表現心先於行動的主題。耶穌並不討論行或不行哪些事。耶穌的強調是人的心態。一方面如果我們休息是為了自我的滿足感，那麼我們的所行並不符合耶穌的心意。因為我們並不比六章1節那些為了贏得自我滿足的讚賞而行善的人來得好。這兩者的動機毫無差別：自我的滿足。另一方面，當我們休息時，我們的心態可能是為了從新得力以使自己能夠更有效率地服事神。根據我的觀察，許多牧者缺乏足夠的休息。他們如同苦修者的忙碌生活方式，使他們的服事無法更新或有效。太多時候，他們只顧慮旁人對於牧者休息的看法，而忽略休息能夠增加服事效率的重要性。這顯然不是耶穌的心意。同樣地，耶穌也不要我們事奉瑪門。我曾經看過許多富有的信徒將他們的財富奉獻於天國的事工上。他們開放自己的家服事眾人，並且為了幫助別人而大方地解囊。我也看過一些很窮的人日夜為自己積存財寶。[62] 奴隸的類比也十分清楚。控制人心的可以是神或瑪門。不論一個人的財務狀況如何，神或瑪門都可以成為控制人的原動力。耶穌的勸誡清楚顯示，天國公民具有自由的選擇權。每個人所採取的行動可能因著情況而不同，但原則卻是一樣。惟獨正確的態度與看法，才能帶出適當的行動。

當人作出錯誤的屬靈抉擇時，憂慮感時常隨之而來。耶穌的價值觀幫助我們避免陷入不必要的沮喪中。沮喪的確發生，而解決沮喪的問題則是一種藝術。惟獨以天國的角度觀看人生，才能使人脫離沮喪的捆綁。我們不應該故意使自己貧窮，也不應該任意揮霍而不為自己積蓄錢財。更具體地說，即使我們的財物是為個人所用，耶穌也要我們謹守以天國為優先的原則使用每一項物質用品。當我們正確調整生活的平衡時，許多沮喪自然減少。當我們憂慮時，我們應該自問：「我是否無法改變我所憂慮的事？」如果答案是肯定的，那麼我們應當相信神掌控一切。神關心我們並且了解我們。信徒時常承認天父實在美好，但並非每個信徒活出這項真理。當我們心存正確的觀念時，我們就不會因為試圖控制一切而落入沮喪的陷阱。我們將得到釋放，並且自由地從事天國的工作。

對於辯論耶穌主權的現代神學家而言，馬太有關耶穌與神的主權討論十分生動有力。有些人認為他們只要重新奉獻自己的生命，就可以再次使耶穌成為他們的主。這是一種錯誤的論點，因為耶穌在信徒的生命中從來不具「主」以外的其他地位。尊耶穌為主，是正常基督徒生活的一部分。基督徒的身分與他的主緊密相連。整個基督徒生活，就是愈來愈調適耶穌是主的信仰過程。教會應該鼓勵信徒在一信主時，就接受耶穌是主的觀念。我們不能「使」耶穌成為我們的主。當我們信主時，祂就自動成為我們生命的主。我們愈早調整我們的心態，我們愈能享受成功的屬靈生活。

4. 問題思考

- 耶穌的教導以甚麼為開始？動機或行動？
- 為甚麼在心的討論之後，耶穌使用眼睛的類比？
- 單數形態的眼睛代表甚麼意義？
- 道德眼光如何影響身體的行動？
- 耶穌對於身體的討論是否與身體的健康有關？為甚麼是或為甚麼不是？
- 在奴隸的類比中，我們如何看出耶穌是主的涵義？
- 我們的眼光、心態及生活方式，如何表露我們的信仰或我們對於神的看法？

註　釋：

1　英文《新國際譯本》（NIV）將其譯為「義的行為」（中譯為「善事」），可能被人誤以為義的行為僅包含施捨，禱告，以及禁食。NET 含意模糊地將其譯為單數的「義」，不但具有更廣泛的涵義，並且容許其與前面對比產生語詞的連結（lexical link）。Bruce, *Matthew*, p.116 亦注意到，亞蘭文的「義」一字較傾向一般性的義。「義」前面的冠詞，再次表達與五章6節相同的情感意味。

2　欲知希羅傳統如何在倫理範疇中使用「義」一字，參 Betz, *Sermon on the Mount*, pp.340～341。相似看法，參 John Nolland, *Matthew* (NIGTC; Grand Rapids: Eerdmans, 2005), p.273; Keener, *A Commentary on the Gospel of Matthew*, p.207。事實上，基納認為這段經文的善行，與《多比傳》（Tobit 12.8）的善

行明細表具有相同的次序。可見，這是當時對於這些善行的一般看法。

3 Betz, *Sermon on the Mount*, pp.330～331 認為，在嚴格的評估之下，這些都是宗教與禮儀的教導，因它所描述的是宗教律法。若將它們獨立觀察，這些例子可能符合貝茨的看法。但若與六章1節合併觀察，它們所代表的意義將更為廣泛。馬太福音六章，遠超如同《十二使徒遺訓》的教義問答教導。毫無疑問地，英文《新國際譯本》的翻譯「義的行動」，是促使貝茨作出此種體裁分類的重要因素。

4 例如，Carter, *Studies,* pp.185, 195。卡特（Carter）也注意到，早在1956年，這個討論已經引起學者的注意。參 Erich Klostermann, "Zum Verständis von Mt. 6.2," in *ZNW* 47 (1956), pp.280～281。

5 Stott, *Message*, p.126.

6 例如 Kingsbury, *Matthew as Story*, p.112。

7 相似看法，參 Morgan, *Matthew*, p.58，他也認為出現在六章1節後面的觀念，都是針對六章1節而提出的詮釋。

8 「義」屬單數形態，意指任何一種正確的事，可能是施捨、禱告或其他的義行。

9 Blomberg, *Matthew*, p.116.

10 Bruce, *Matthew*, p.116.

11 相似看法，參 Keener, *A Commentary on the Gospel of Matthew,* p.207; Allison, *Studies in Matthew*, p.578。尤有甚者，相同的結構也明顯地出現在其他的猶太文獻中（例如 Ecclus. 3.1～9; 1 QS 3.13～4.26; Barn. 18～20）。

12 「你們」具複數形態，意指信徒羣體，而非個人信徒。

13 有關家庭的模型與限制，參 Richard Saller, "Roman Kinship: Structure and Sentiment," in Beryl Rawson, Paul Weaver (eds.), *The Roman Family in Italy: Status, Sentiment, Space* (Oxford: Clarendon, 1997), pp.7～34。

14 Blomberg, *Matthew*, p.116 認為，第六章延續第五章有關律法的討論。我選擇將第六章視為另一個分開的經文段落，因為這個段落的起始經文六章1節，清楚地指出段落的分隔。然而，這兩章經文仍然具有不可否認的關係。

15 Bock, *Jesus according to Scripture*, p.138.

16 Oden (eds.), *Ancient Christian Commentary on Scripture*, p.123.

17 Betz, *Sermon on the Mount*, p.345.

18 Gundry, *Matthew*, p.101, 我不同意岡德理（Robert Gundry）的看法。他認為馬太寫下六章1節，乃因耶穌在二十三章5節使用相同的措辭。如果相同的措辭在耶穌口中出現兩次，那麼，更有可能是耶穌而非馬太，首先說出這句話。

19 Betz, *Sermon on the Mount*, p.351.

20 Oswald Chambers, *Oswald Chambers: The Best from All His Books* (vol. 2; Harry Verploegh ed.; Nashville: Thomas Nelson, 1989), p.225.

21 Betz, *Sermon on the Mount*, p.351 特別強調「要小心」兩個受詞的文法觀察。第一個受詞（直接受詞）是「你們的義」（your righteousness），而第二個受詞（間接受詞）則是「不可行」（not to do）。毫無疑問地，文法的強調乃是直接受詞「義」。新約聖經中，這種獨特的文法建構僅在此出現。

22 Kingsbury, *Matthew as Story,* p.112.

23 Lloyd-Jones, *Studies in the Sermon on the Mount* (vol. 2), p.9.

24 Strecker, *The Sermon on the Mount*, p.71.

25 Eugene Boring, *Matthew* (NIB; Nashville: Abingdon, 1995), p.201 指出兩者之間並沒有區別。

26 Allison, *Studies in Matthew*, p.576.

27 Barclay, *Matthew*, p.180.

28 Keener, *A Commentary on the Gospel of Matthew*, p.206.

29 Betz, *Sermon on the Mount*, p.353.

30 六章2節的"οὖν"被用於講論中，以帶出某種結論性的評論連接原則或相關的主題（例如五19、23、48等）。

31 我說「個人」，乃是因為施捨的動詞具單數形態。

32 六章2至4節「施捨」的希臘文為"ἐλεημόυνη"，而五章7節「憐恤」的希臘文則為"ἐλεήμονες"。

33 有關馬太福音發音以及意義的研究，參 Bernard Brandon Scott, Margaret E. Dean, "A Sound Map of the Sermon on the Mount," in *Treasures New and Old*, pp.311～378。既然對於口述傳統的聽眾來說，發音與意義同樣重要，因此斯科特（B. B. Scott）及迪安（M. E. Dean）的研究，對於講論中字義的觀察具有極為正面的貢獻。

34 「得人的尊榮／榮耀」是一句十分銳利的說詞，因為在聖經健康的屬靈情境中，尊榮或榮耀通常並不歸與人，而是歸與神的。Allison, *Studies in Matthew*, p.581 甚至指出，馬太所使用的「榮耀」一字，儘針對神而言。這是一件極為嚴肅的事情。

35 參 Lee I. Levine, *The Ancient Synagogue* (New Haven: Yale, 2005), p.34。

36 有關正式禱告的宗教涵義，參 Lawrence H. Schiffman, "The Ancient Synagogue and the History of Judaism," in Steven Fine (ed.), *Sacred Realm*

(Oxford: Oxford University Press, 1996), p.xxvii。

37 有關第一世紀的碑文，參 Eric M. Meyers, "Ancient Synagogues: An Archaeological Introduction," in *Sacred Realm*, p.9, figure 1.6。

38 「祕密」一字也以同樣的用法出現於六章4節。這種與賞賜有關的祕密，確實指向末世的意義。

39 Lloyd-Jones, *Sermon*, p.24.

40 我提議這七禍咒詛實際上是一個咒詛。它針對法利賽人相同的假冒為善行為提出指責。「你們這假冒為善的」，重複出現在第二十三章的經文中，明確地指出針對七禍的相同咒詛。

41 「胡說的」（babbling，六7），真正的意義乃是發出"batta"的聲音，"batta"並不是一個字。換言之，不需要動腦筋的胡亂發音，才是關鍵的問題。

42 耶穌所使用的希臘文是"οἱ ἐθνικοί"，與一般用來描述種族的"ἔθνος"不同。耶穌在此所描述的乃是特性。

43 顯示這兩處經文的平行圖表，參 Allison, *Studies in Matthew*, p.598。

44 Strecker, *The Sermon on the Mount*, p.109 將主禱文與〈十八條祝禱文〉（Eighteen Benedictions），以及其他猶太人的禱告相互比較。這些禱告之間的平行與相異，十分引人注意。然而，無人可以確定斯克特所顯示的證據，絕對是第一世紀的資料。Allison, *Studies in Matthew*, p.596 認為，主禱文是〈十八條祝禱文〉的對應禱文。

45 Morgan, *Matthew*, p.62.

46 「天上與地上」的比喻，稱為重言法（hendiadys）。這兩個相關概念的結合，帶出了一個更為完整的概念。

47 家庭關係的字彙，在馬太福音中特別引人注意。在後文有關「關係」的討論中，耶穌提及新的家庭與新的家庭關係（十九27～30）。「父親」的用字不斷出現在主禱文的教導中，暗示家庭關係的基礎。因著家庭的關係，相關的價值觀隨之產生。在本質上，登山寶訓的許多部分都重述新家庭的價值觀。

48 雖然「我們免了人的債」屬過去不定時時態，但這不可能代表過去時態的意義。末世的上下文，讓我們將過去不定時時態，當作一種實際並且偶爾發生的饒恕事件。相似看法，參 Allison, *Studies in Matthew*, p.612。

49 相異看法，參 Betz, *Sermon on the Mount*, p.380 認為「兇惡」（evil）代表所有缺乏神的公義之事物（六1）。「兇惡者」的翻譯較「兇惡」來得更好，因為「兇惡」之前的冠詞，指人而非一般的「兇惡」。以「兇惡」代表「兇惡者」的用法，亦可見於馬太福音的他處經文（例如十二35，十三38）。

「兇惡」的翻譯傳統，至少可以溯源至英王詹姆斯（King James）的時代。

50 Lloyd-Jones, *Sermon*, pp.95～96.

51 Blomberg, *Matthew*, p.118 有關路加福音與《十二使徒遺訓》的詳細比較討論，參 Betz, *Sermon on the Mount*, pp.370～372。

52 積存是「財寶」一字的動詞形式。毫無疑問地，耶穌針對「到底甚麼是人生命的優先順序」，提出討論。

53 在馬太福音中，黑暗象徵與天國信息的隔絕（四16）。

54 注意身體在行道德或不道德行為上的角色（五29～30），以及光明代表好行為的比喻（五16）。

55 有關奴隸制度的概要討論，參我的著作：*From Slaves to Sons: A New Rhetoric Analysis on Paul's Slave Metaphors in His Letter to the Galatians* (New York: Lang, 2005), pp.38～62。

56 根據耶穌的陳述，食物、飲水與衣裳是"ψυχῆ" 的三個要素。通常，"ψυχῆ" 的定義十分抽象。但實際上，它在此處的定義卻十分具體。它包含滋養生命的最基本事物。

57 Strecker, *The Sermon on the Mount*, p.137.

58 六章7至8節與六章32節，使用不同的字彙描述外邦人。六章8節描述外邦人所具有的特殊宗教習慣（NIV譯為"pagan"），而六章32節則只是描述一般外邦人的生活方式或價值觀。

59 Strecker, *The Sermon on the Mount*, p.139.

60 Alexander Maclaren, *Music for the Soul: Daily Readings for a Year from the Writings of Alexander Maclaren* (George Coates ed.; Chatanooga: AMG, 1996), p.307.

61 Stephen Westerholm, *Understanding Matthew* (Grand Rapids: Baker, 2006), p.39.

62 Wallace, *Grammar*, p.466 指出，六章25節的「吃」、「喝」及「穿」等動詞屬假設語氣。這種語氣表示詢問者懷疑，是否隨時可以得到食物、飲水或衣裳的供應。可見，耶穌並沒有假設祂的聆聽者全是富有的人。祂容讓自己的教導也適用於貧窮的人。如此，這些較為貧窮的人就不會說：「你說得容易，因為你的聆聽者全是有錢人」。可見，神國的優先順序與信靠有關。

第五章
天國的關係（七1～23）

對人與對神（七1～12）

1. 引言

在前面的經文中，耶穌已經顯明祂的價值觀。現在祂為我們帶出天國的各樣關係。人與人的關係首先出現於七章1至6節。而後，人與神的關係則出現於七章7至12節。這兩種關係基本上是天國公民所有關係的縮影。在前文中，我們看見許多關係的教導，但七章1至12節為我們摘要引導所有關係的一般原則：一個人對於神的看法，直接影響他與人的關係。

2. 詮釋

在這多元主義的時代，七章1節可說是最被誤用的一節經文。甚至連釋經學者有時都有困難解釋七章1節的涵義。舉例來說，斯克特說：「論斷他人的絕對禁令，使得經文協調的嘗試變得毫無可能。」[1] 許多人以毫無妥協的方式引用七章1節並奉為必守之規則。然而，馬太福音十八章清楚指出，某種程度的審判是必要的。否則，教會如何糾正得罪弟兄的錯誤呢（十八15）？因此，七章1至12

節必須與上下文一併解讀。當我們謹慎地閱讀上下文時，我們將發現耶穌的教導並不如祂所說的那麼絕對。所有出現在七章1節之後的經文，都為七章1節帶出範圍與意義的精準說明。

另一個有效的解讀方式就是讀者應該思考，七章1節與前文段落的關連。前文的六個對比清楚陳述，在人前的表現常給人不實的印象。所以，七章1節成為這項事實的合理應用。如果外在表現容易矇騙人，那麼我們應該儘量避免根據第一印象來論斷別人。[2] 這項事實對於了解「你們怎樣論斷人，也必怎樣被論斷」的準確涵義非常重要。

七章1節的平行對句，為耶穌的陳述帶出平衡。耶穌沒有說：「不要論斷」；祂說：「你們不要論斷人，免得你們被論斷。」基納在他的註釋書中指出，希羅與猶太的道德著作常有許多平行對句的出現。[3] 然而，耶穌使用以神為中心的模式帶出這段討論。在本質上，耶穌就是說：「如果你論斷人，神將以同樣的方式論斷你。」七章1節的命令以第二人稱的複數形態出現，暗示這種論斷發生在集體的層面上。因此，這條命令成為羣體應當遵循的原則與規範。論斷的標準也再次重述於七章2節。從某種角度來說，我們觀看別人的方式，竟然影響神觀看我們的方式。其實，這個原則早已出現，因為在主禱文中耶穌已經論到，赦免別人才得神赦免的重要性（六12、14～15）。根據主禱文最後一部分的形式，我們看見「人－神」的平行表現的確是登山寶訓的修辭常規。我們對於恩典的經歷，部分依賴於我們對於恩典的施與。

在這段經文中，我們看見耶穌暗示有些聆聽者具有法利賽人自以為義的心態，因為耶穌使用最具爭辯意味的「假冒為善的人」一字。這字在六章5節曾經出現。斯托得直言不諱地指出：「虔誠的假冒為善人士所具有的問題，就是他們以欺騙人為出發點。他們的一切所行，都是為了贏得別人的讚賞。」[4] 在馬太福音中，耶穌喜愛使用「假冒為善的人」描述當時的法利賽人（例如十五7，二十二18，二十三13、15、23、25、27等）。門徒如果正確地跟隨耶穌，應該與法利賽人有完全相反的行為表現。七章1節的第二人稱複數形態「你們」（中譯本與英文《新國際譯本》），將神的子民與如同法利賽人的其他團體分隔開來。耶穌早在六章2節、5節與16節談及這種假冒為善的人。六章2節提出一種自我意識的施捨心態，這種心態導致自以為義的產生。六章5節則讓我們看見假冒為善的人刻意讓別人知道他們的禱告，以使別人恭賀他們的善行。最後，六章16節顯示假冒為善的人，故意把臉弄得難看以叫人知道他們在禁食。這些態度與行動的確叫人看見他們已經盡了善事的責任。因此之故，這些人現在覺得他們有權利論斷別人。如此說來，七章1節的自以為義根源於六章1至18節的自我榮耀。

在觀察假冒為善之人的更廣上下文之後，我們現在應當研究耶穌用來例證七章1至2節的兩個類比。第一，耶穌使用梁木與刺的類比。在此，耶穌將複數的第二人稱「你們」轉變為單數的第二人稱「你」，以表達每一個天國公民必須作出個人抉擇的教導。依此看來，個別的天國公民仍有可能表現假冒為善的行徑（七5）。[5] 如同登山寶訓對於類比的典型使用方式（例如五29，六2），梁木與刺的類比亦屬誇張的修辭法。耶穌對於梁木與刺的強烈比較必定含具深廣的涵義，才能使其產生實際的效用。第一項涵義顯示，眼中的梁木可能致命，而眼中的刺則只讓人稍覺不適。更可能的是，眼中有梁木的人正處於喪命的危險中，而眼中有刺的人卻只會發出不舒服的怨言。這兩種木頭實物的比較告訴我們，耶穌了解兩者間嚴重程度的不同。耶穌藉著這個誇張的例證帶出一項重要的教導：我們之所以對他人的問題如此敏感，極可能是因為我們自己有更嚴重的問題。事實上，我們的問題或許已經嚴重到完全致命的地步。對所有愛與他人發生衝突的信徒而言，耶穌所使用的暗喻不啻是一項嚴肅的警告。

我們已經仔細地討論過單數的眼睛代表一個人的道德眼光。道德眼光極為重要，甚至可以直接影響一個人在天國中的地位（十八9）。七章1節所提及的論斷，不僅指個人意見或個性的不同，更與道德的議題有關。當我們觀看弟兄道德眼光的微小議題時，我們可能忽略自己道德眼光的巨大議題。章伯斯認為，內省是「我們發現我們需要神的惟一方式。這種內省的力量，經由定罪的過程使信徒儆醒。」[6] 由耶穌使用梁木與眼睛的誇張修辭法，我們看見罪的嚴重性不容忽視。眼睛的類比具有生動的想像力，因為一個人的眼中若有梁木，他不可能看得清楚。更糟的是，他根本不能使用這個有梁木的眼睛來觀看任何事物。因此，當我們眼中有梁木時，我們對於別人眼中有刺的判斷可能十分錯誤。充其量，我們只能判斷與自己有同樣錯誤的人，但問題是我們自己的錯誤往往更加嚴重。當我們自己有同樣錯誤，卻對別人加以論斷時，我們正好符合了假冒為善的根本定義。若我們論斷比我們錯誤更輕微的人，我們不折不扣地成為一個完全愚昧的人。耶穌並「沒有」禁止我們作任何判斷，但祂建議我們謹慎小心。一個論斷弟兄道德眼光的人，必須先檢視自己的道德眼光。換言之，耶穌告訴我們，在我們不同意他人的看法之前，我們必須先看看自己是否具有更大的道德盲點。有時，有問題的不是別人，而是我們自己。如此說來，內省自己必須先於判斷他人。當我們看見別人有問題時，我們必須先拿掉自己眼中的梁木，才能除去弟兄眼中的刺。耶穌看見在羣體中，人與人彼此負責的重要性。然而，像法利賽人一樣的自以為義，卻是正確判斷的大敵。耶穌絕對不是說，我們永遠不能判斷別人。相反地，祂乃是告訴我們，若要正確地判斷別人，我們必須先行自我判斷。

當耶穌說正確地去掉弟兄眼中的刺時，祂暗示弟兄願意讓別人將他眼中的刺除去。可見，這個人願意接受別人的糾正，以使自己更加進步與成熟。馬太福音十八章更清楚地教導，我們的目標應當是挽回跌倒的弟兄或姊妹。如斯托得所言，當弟兄有問題時，我們不是要論斷他而是要幫助他。[7] 然而，有時我們所作的判斷雖然正確，弟兄卻不願意悔改。在這種情況下，我們當如何行呢？這個問題的答案將我們帶至耶穌的第二個類比（七6）。耶穌說，不要把聖物給狗與豬因為牠們都是不潔淨的動物。[8] 動詞「給」與「丟」的文法形態，顯示耶穌命令的絕對性。[9] 許多釋經者不知如何解讀七章6節，有些甚至將這節經文應用於傳福音的策略上。[10] 雖然這種傳福音的應用極為普遍，但卻大大違反上下文的意義。[11] 因為，在這節經文之前，我們看不見任何有關傳福音的教導。諾姆蘭（John Nolland）甚至說，這節經文乃是要信徒以神為優先，因為在與神相較之下，「每個人都是狗或豬」。[12] 這種解釋完全忽略上下文，實在無法令人接受。基納對於上下文的觀察最為接近：「即使一個人是對的，他仍然不應違反他人的意願，而將真理強壓在對方身上。」[13] 貝內特（Thomas J. Bennett）以修辭問句的精意來解讀這節經文，因此帶出更接近上下文的觀察。「你認為你有聖物與珍珠給別人嗎？你認為狗與豬可以從中得到好處嗎？聽著，保留這些東西，否則牠們會轉過來咬你。為甚麼？因為計算錯誤？」[14] 貝內特作了一件極為正確的事：他以上下文及修辭來詮釋經文。解讀這段經文的答案，有賴於上下文以及第二人稱數式的轉變。前文的第二人稱單數形態在這節經文中轉為第二人稱複數形態。這種數式型態的改變，顯示雖然個人內省的抉擇絕不可少，但謹慎判斷他人卻是集體的責任，因為基督徒羣體有一套特定的標準。這一套標準由羣體保持、詮釋，以及應用。羣體所累積的經驗，可以為哪種道德眼光必須受審判提供穩固的基礎。整個羣體而非單一個人，必須決定這人是狗或豬。此處對於羣體的強調，預備讀者接受後文有關教會紀律的教導（十八16）。諮詢第二種看法，在正確判斷他人品格方面具有不容忽視的重要性。「聖物」意含耶穌的神聖羣體所分別為聖的一切事物，尤指真理與審判。這個禮儀上的用語，並非用來描述獻祭的肉類而是指它所代表的真理。

把珍珠丟在豬前的畫面特別生動。豬可能發現珍珠無法食用而踐踏它。雖然珍珠價值極高，但豬卻看不見它的寶貴，因為珍珠無法滿足豬吃食的需要。換句話說，需要接受糾正的人，可能並不覺得他需要任何審判。就像狗與豬一樣，他們的不潔淨與本性，不但使他們輕視寶貴的糾正或適當的審判，還加深他們對於教會的敵意。更具體地說，第一個梁木與刺的類比針對驟下論斷的人。第二個狗與豬的類比，則針對接受論斷的人。如此說來，論斷一事不但牽涉論斷的人，還牽涉應該接受論斷的人是否願意更進一步地自我反省。一般而言，狗認為牠們需要骨頭，而豬則需要豬飼料。牠們兩者都不了解聖物與珍珠的用處。如此說來，天國公民想要糾正的人必須有能力了解天國公民所提出的糾正，否則將使對方陷入更深的誤解。如果這兩方的情況都不盡理想，那麼我們必須克制自己不作論斷的事。這兩個類比，巧妙地為七章1至2節帶出詮釋與應用。

既然耶穌已經為論斷帶出正確的上下文，現在祂藉著禱告的教導，將注意力轉向人與神的關係。耶穌在前文中已經針對禱告帶出教導。現在祂以禱告中的「人－神」關係為討論焦點。為甚麼祂要再次提到禱告呢？根據審判（即人與人之間的關係）而帶出禱告的討論次序似乎極為刻意。可見，這個教導提醒每一個容易論斷他人的信徒，以禱告的方式來面對論斷人的事。在六章8節，耶穌談及天父知道信徒的需要，但祂卻沒有因此叫門徒不要禱告。在七章7至8節，耶穌再次論到禱告是直接與神建立關係的惟一方式。這處經文的應用並非單單針對個人信徒而言，因為耶穌繼續使用複數的「你們」。如此說來，禱告並非為個人的益處而已，也是為了建造整個羣體。或許羣體可以藉著禱告的方式，共同作出明智的審判（即七1～6）。

耶穌首先在七章7至8節，陳述禱告蒙應允的一般原則。耶穌由祈求、尋找，進展至叩門。祈求暗示一種面對面的談話。尋找暗示隱藏的事物。而叩門則代表一個人在想要的事物上遭遇一些攔阻。這三個動作的強度愈來愈加增。這三個字的現在時態可以被譯為：「不斷地祈求，不斷地尋找，不斷地叩門。」到目前為止，耶穌只命令信徒行使這三項動作，並沒有詳細解釋信徒到底要向神求甚麼。這個觀察將我們帶至七章9至11節。

在耶穌使用類比例證命令的慣常方式之下，祂轉向人的行為（七9～10）。這個行為的討論，應該與前文有關論斷的狗豬討論緊密相連。耶穌以人的兒子向父親要求東西為例證。在這個類比中，耶穌所隱藏的原則要到七章11節才清楚顯明。耶穌將餅和魚，與石頭和蛇相互比較。這個平行對照具有十分豐富的涵義。要餅的兒子應該得到餅，如果他得到石頭，那是一種十分不正常的現象。同理可以推論至魚和蛇。耶穌的類比非常能夠激發人的想像力，因為餅與石頭相像，而魚則與蛇相像。正如梁木與刺的對照，餅與石頭和魚與蛇之間的平行，也有相似之處。像麵包一樣大小的石頭或活生生的蛇，就像梁木一樣可能導致喪命的傷口。有些人甚至認為治療性的矯正，就像石頭與蛇一樣，對他們的健康有害。至終，惟獨神完全了解甚麼對人有益，又甚麼對人有害。這樣看來，當人面對人與人之間的衝突和論斷時，神成為所有天國公民追求完美的倫理典範。可見，有時候看似餅的卻是石頭，而看似魚的卻是蛇。同樣地，聖物對於狗不但不合適也沒有任何好處。珍珠對於豬更是毫無用處。這就是禱告蒙應允的本質。有些時候信徒以為他收到的是石頭或蛇，但實際上他所接受的卻是餅與魚。對於神來說，祂所賜的禮物總是餅與魚絕非石頭或蛇。神所給與的一定對我們有好處。這就是耶穌由七章11節所帶出的主要教導。天父永遠把好東西給求祂的人。耶穌的論證由輕推展至重。如果微小的人都嘗試將好東西給自己的兒子，那麼更偉大的神必定將好東西賜給祂的兒女，因為邪惡的人永遠無法與美善的神相比。根據七章1至6節的論斷上下文，耶穌在此處有關禱告的教導顯得十分獨特。耶穌的信息非常清楚：如果神對我們這麼好，我們對於跌倒的弟兄應該具有寬大的愛心。然而，經文的應用可以朝兩個方向進行。第一，與其立即論斷他們，我們應該先為他們禱告並且幫助他們。這才是基督徒的精神。第二，如果建設性或教導性的批評不適合這些像狗或豬的人，那麼這些正面的糾正應該馬上停止。

耶穌最後以金律為這段教導帶出結論（七12）。獨立地來看，金律早已存在於猶太文化中（Jubile 20.2）。[15] 較後的證據亦顯出希列曾對金律提出負面的看法（b. Sabb. 31a）。在希臘哲學與文化中，這個互相對待的倫理可以溯至亞里斯多德的《尼可馬赫倫理學》（*Nichomachean Ethics*）以及較近代塞內加（Seneca）的《論善行》（*De Beneficiis*）。[16] 金律是如此有名的倫理標準，以至於後期的諾斯底著作《多馬書》（*Thomas*）一書也對其加以引用（Thomas 6.3）。耶穌重新引用祂的信仰羣體已經建立與熟悉的倫理規範，但祂引用的方式卻與眾不同。[17] 在大部分的情況之下，金律的教導仍以負面的自我保護為出發點。這些教導只要求「己所不欲，勿施於人」。耶穌採取一種更為主動的方式，叫人不僅要避免行惡，還要更進一步地行善。身為一個智慧教師，祂有資格與當時的信仰對話互動。同時身為一個智慧教師，祂也有責任評估當時的文化價值觀。第一，金律是由七章1節開始之經文的適切結論，因此金律暗示釋經者必須將七章1至12節視為一個彼此相關的段落來解讀。七章12節實際成為七章1節的重述，它也與七章7至11節的經文意義緊密相連。很可惜許多釋經者將禱告的教導，視為獨立的講論來解讀。七章7至11節告訴我們，神是一個美善的賜與者。[18] 因神所賜的美善禮物，七章12節鼓勵我們在與人相處方面要謹慎小心。我們不應該以假冒為善或自以為義的態度對待他人，而應該以滿有恩典的態度與人相處。換言之，如果神給與我們如此美好的禮物，我們怎麼能以惡待他人或錯誤地論斷他們？如果我們真是如此，那麼我們一點也不像接受神恩惠的蒙恩者。施恩與他人，是天國公民人際關係的基礎，因為神首先白白地將禮物賜給我們。我們與人的關係，顯示我們對於神恩惠的了解。這種教導為我們帶出十八章21至35節「無憐憫心的僕人」的倫理教導。馬太福音十八章與這段經文的上下文，都以信仰羣體為教導對象，因此值得我們加以比較。僕人缺乏憐憫的心腸，以至於使自己無法經歷主人赦免債務的完全好處。在前文不斷提及羣體的規範之後，這段經文又為我們帶出何種羣體規範的教導呢？憐憫與恩典，是信仰羣體的規範。如此說來，耶穌將如何成全律法或先知呢（即五17）？[19] 祂以對於憐憫與恩典倫理的肯定，成全律法與先知。這個結論性的陳述，極為佳美地為七章1至12節帶出總結。

3. 省思與應用

當我們再一次以新鮮的角度，研究耶穌對於個人與羣體責任的平衡教導時，我們發現當今教會與救主的理想仍相距甚遠。耶穌並不單獨強調個人或羣體，祂所重視的是兩者的責任。基督徒常具只強調其中之一的傾向。在西方社會，教會偏重個人的強調，因而產生一種相對性與多元性的屬靈價值觀，使得教會的道德光景遭受嚴重影響。當基督徒愈來愈轉向這種生活模式時，基督徒的價值觀將愈來愈模糊甚至消失不見。在非西方社會卻有另一種極端產生。在這些社會中，信仰羣體的規範掌控行為的各個層面，甚至到一種律法主義的程度。這種高高在上的集體模式，不但消滅並且不尊重個人的抉擇。它使基督徒所各自具有的獨特恩賜與氣質無法展現。在這兩種極端之間，到底甚麼是最佳的解決方式？

耶穌要求基督徒以自己的良心為個人的道德眼光負責。道德眼光並不建立在傳統之上，而是以最根本的聖經道德觀為基礎。耶穌並不是完美主義者，因為祂知道沒有人是完全的。更確切地說，祂所教導地乃是正確觀點的持守。至少，個人的目標與理想應該正確。而後，信仰羣體必須共同地面對衝突的解決。藉著羣體的經驗，神創造的個人獨特性與基督身體的合一性同時得以保存。每一個信徒不但應當承擔個人的道德責任，也必須向信仰羣體負責。

耶穌極具體地為論斷的問題提出解決的步驟。祂要求每個人在對於不當之事有所反應之前，首先冷靜自己的情緒並調整自己的態度。自我為義的論斷，多數根源於不准「他人」作某些事的心態。論斷的人時常忘記「我」應該多多反思自己行事的態度。

因此，許多人對於基督教有一種印象，以為基督教只是專門禁止人行某些事的宗教。耶穌建構教導的方式讓我們看見，信仰羣體應該先具有禱告的態度，而後才能正視道德的議題。由第七章的寫作進展來看，耶穌將禱告與論斷連結在一起，再加上祂對於個人及羣體字彙的使用，引導整個論證愈來愈合乎邏輯並使人信服。耶穌慎重地提醒我們，在論斷人的事上，我們不能依靠自己的直覺或感情，而必須嚴肅地反思自己的光景。在說話之前，片刻的反省與祈禱是絕對的必要。惟當我們個人有正確的反思，我們才會有正確的羣體經驗。或許，在自我反思之後，我們可以請值得信任的弟兄或姊妹與我們一起禱告。有好的個人，才會有好的羣體。在每日的生活中，我們應該首先自問：「為甚麼我對這件事情有這種看法？這是我眼中梁木的反應呢？還是正確的眼光所產生的看法？」這種自省將為我們帶出一個健康的衝突解決過程，並使我們以正確的態度回應問題的挑戰。

當我們將所有的類比放在一起觀察時，我們發現這段教導在給與忠告方面，提供間接但卻上好的觀點。這些類比在概念上極為相關。魚可能對兒女有好處，但聖物對狗卻沒有任何用處。許多「屬靈的」基督徒擅於給與勸告，但有時他們的勸告卻像把聖物給狗及把珍珠丟給豬一樣。有些基督徒對於是非有極強的分辨力，但卻缺乏以是非訓誨他人的智慧。登山寶訓超越一位智慧教師的道德教導。耶穌不但希望我們獲得完好的道德，祂也希望我們認識選擇時間的重要性。耶穌教導我們不僅要明白（即頭腦知識）道德與倫理，也要抓緊正確的時機，以使對方不像輕視聖物的乖戾老狗，而如同得到禮物的快樂孩童一樣接受我們的教導或糾正。道德極為美好。但道德加上智慧的時機更是上好。耶穌所倡導的是上好的道德生命。

比個人評估更為重要的是個人對於神屬性的深思。當福音派教會無法表現神的恩典與憐憫時，教會顯然有偏差之處。許多時候，最嚴苛與死板的人竟然是福音派的基督徒，這是不應有的表現。耶穌的教導所顯示的天父，對於祂的兒女具有溫暖的愛。只要兒女的祈求具有好處，祂都甘心樂意地將禮物賜給他們。教會應當反映神的屬性，因此這種慷慨的表現應該是教會生活的自然流露。雖然神不為人所見，但祂的存在卻可見於教會所具有的氣氛之中。換句話說，教會不僅在話語上，並且在行為上成為神的見證。

另一個非常值得注意但卻鮮為人知的觀察，就是耶穌對於金律的引用。這種引用讓我們看見，耶穌對於當時文化價值觀、其他希羅教導，以及猶太人教導的關注。綜觀登山寶訓，耶穌對於當時文化的評價雖然負面，但在金律的引用上卻也顯出正面之處。如果耶穌借用當時已經存在的價值觀，並且使用修辭的策略將它們契合地應用在神的國度之上，那麼這個教導的神學涵義一定非常重要。這是一個特殊啟示與一般啟示交錯匯合之處。自然的定律在神學中具有一席之地。[20] 甚至令人尊敬的改革家馬丁路得都承認這項觀察。太多時候，基督徒對於屬於文化的一切事物存具過度負面的看法。心理學的理論或屬世的智慧正是這類看法的普見例子。如果耶穌從豐富的文化中引用金律來表達祂的觀點，那麼我又如何能夠定罪那些極富創意地使用文化來傳遞天國價值觀的基督徒呢？當我們除去耶穌所憎惡的自我為義時，我們對於事情的評價自然變得更為客觀與溫和。更確切地說，我們對於事情的看法成為實情、公平與創意的互動結果。如此，天國的信息才能繼續不斷地在新的情境中展現新的應用。在辨別對錯與自我為義的態度之間，只有細微難察的一線之隔。我們常常不自覺地跨過了界限。毫無疑問地，基督教的價值觀遠超世界的智慧與文化，但這並不表示我們必須以負面的眼光觀看世界的智慧與文化，甚至試圖將其完全廢除。儘管它的地位可能極小，但一般的真理與世界的智慧卻仍在神學中佔有一席之地。封閉自守是一種危險的心態。

4. 問題思考

- 試舉一例說明信徒對於七章1節的經文濫用。
- 我們與神的關係如何影響我們與人的關係？
- 在耶穌的教導上，信仰羣體與信徒個人分別扮演何種角色？
- 為甚麼我們必須區分信仰羣體與信徒個人的應用？
- 為甚麼我們必須以信仰羣體的立場，論斷個人的品格呢？
- 在哪些方面基督徒最容易錯誤論斷別人？
- 七章12節如何將七章1至11節的倫理教導連結在一起？
- 甚麼是耶穌在這段教導中所倡導的天國原則？
- 根據這段經文，你如何能使個人的生命、團契及教會服事更反映出神的屬性？
- 耶穌對於普受歡迎之金律的使用，如何為我們顯示基督教與文化之間的關係？

對假教師（七13～23）

1. 引言

在信仰羣體的互動關係之後，耶穌將討論的目標轉向不屬於天國的假教師。這是一個自然的高潮走向，因為耶穌在這一章的前面部分已經提及法利賽人與文士的教導。因此，這段經文成為適切的結論。以七章13節作為這段經文的開始是正確的解讀法，因為七章12節巧妙地總結了前面的經文段落。雖然這段經文極其簡單，但它在總結登山寶訓的信息上卻佔據策略性的修辭地位。它不僅接續七章12節出現，也是五章3節至七章12節的後續經文。

這段經文以「兩條道路的教義」為焦點。這種討論方式極其普遍，因此博克與赫理克引用基納的觀察，由許多希羅及猶太人的文化列舉至少四項廣泛的來源。[21] 耶穌再次使用當時慣用的修辭法傳遞祂的教導目的。祂的每項比喻都以兩極的對照出現，形成二元配對的比較單元。所有的「兩條門路的教義」，都迫使聽眾作出道德與信仰的抉擇，而這也就是耶穌修辭策略所要達成的目標。智慧教導不單讓人有更多知識，它更重要的目的在於，激發人內心的改變以致帶出外在的行動。耶穌使用一組又一組的配對抉擇，帶出天國裏的生命意義。當登上寶訓的教導接近尾聲時，聽眾必須作出個人的抉擇。

這段經文也須與前文有關論斷的討論，緊連在一起解讀。在仔細檢視給與勸告的內容與時機之後（七1～12），有些人還是會拒絕這種建設性的勸告。無論如何，每個人都當為自己的抉擇負責任，因為這些抉擇各自具有無法避免的末世後果。

2. 詮釋

耶穌以七章13至14節的命題，作為這段教導的開始。正如登山寶訓的修辭特徵一樣，耶穌以命令為開始，而後仔細地解釋以使聽眾了解命令的意義。耶穌首先提出進窄門的命令（七13）。與其將所有的精力用於論斷弟兄（七1及下），耶穌鼓勵天國公民對另一種事情加以判斷。天國公民應該花費更多的精力與信仰羣體一起辨識，自己的生命是否與進天國的門相符一致。在一個具有分辨力的信仰羣體情境中，耶穌繼續勸勉天國公民多加自我省察。天國公民不應該隨意論斷信仰羣體中的弟兄，而應該自己順服在信仰羣體的集合智慧之下。這些集合的智慧是進入正確的門以及行走正確之道的弟兄姊妹，所產生的信仰經歷。命令的第二人稱複數形態，顯示所有在信仰羣體中的人都必須進入正確的窄門。門指出一個人所選擇的人生道路。利維文（Lee I. Levine）在他新近的研究中指出，甚至在早於耶穌的希臘文化時期，城門的設計已經大幅度地被簡化。[22] 城門設計的簡化，使得許多城門周遭的活動轉入會堂之內。當時，城門僅具有進出的功用而已。一個常見的錯誤就是預設有許多條道路，可以通往神的國度。但耶穌的比喻清楚例證，通往神的道路只有一條。如韋斯特姆（Westerholm）所言：「從通往天堂之路，馬太警告我們，另有一條路直通地獄。」[23] 所有的天國公民都經由同一條道路進入天國，沒有一個例外。困難或容易的道路，成為通往天堂或地獄的反比。最終極的結果，就是永恆生命與末世滅亡的對照。[24] 那些朝向滅亡的人走一條容易的道路，因為門是寬的。因此，當他們進門時，他們不需要捨棄任何事物。那些進入永生之門的人則面臨困難的道路，因為他們必須將許多事物拋在背後，才能通過又窄又小的門。[25]

耶穌的第二個命令提醒天國公民防備假先知（七15）。馬太的敍事筆法暗示，這節經文具有攻擊文士教導的論證目的（七29）。耶穌明說自己的教導合乎正統，而眾人也承認耶穌的教導不但與眾不同並且具有權柄。邪惡的假先知被描述為裏外不一的人。他們外面看起來像羊，但實際上卻是殘暴的狼（七15）。這些掠奪者企圖將許多人帶進走向滅亡的寬門。他們是有害的。在馬太福音中，這些假先知的負面肖像，與耶穌時代宗教領袖的虛假意圖正好完全吻合（十九3，二十二15～16、23～24，二十三5等）。耶穌接著使用果樹的類比描述假先知的光景。耶穌論到好樹必結好果子，好樹不會有壞果子。壞果子毫無用處，惟獨好果子為樹的主人帶來益處。在前面的經文中，馬太已經記錄果子是法利賽人與撒都該人的工作（三8～10）。[26] 果子也是義所結的道德成果。壞果子一定是假冒為善之人所表現的宗教義行，因為他們並不在乎內心的動機，只專重外在的行為。七章17至18節的「好」，與七章19節的「好」並不相同。七章17至18節的「好」，具有令人愉快的一般性好品質。這種果子味道甘甜。否則，它將失去存在的功用或目的。然而，七章19節使用另一個字強調「好」的內在品質，好像耶穌已經由「好」的品質轉向道德的討論。原來，在七章17至18節那些味道甘甜的果子，就是七章19節的道德果子。因此我們可以了解，為甚麼七章17至18節的果子具複數形態，而七章19節的果子則屬單數形態。實際上，好樹應該只結「一種」好果子。所有的好樹都必須結出單一種類的道德果子。這個類比告訴我們，先知就是會結果子的樹木。樹木的好壞，可由是否產生道德果子來斷定。若與狼的類比併行觀察，這些假先知可能結出外貌佳美的果子，但卻缺乏道德的實質，因此他們在神的標準之下毫無用處。

耶穌繼續在七章21至23節解釋「好」果子的專有特徵。其中以七章21節為關鍵。遵行天父的旨意是所有屬於天國之人的前提。僅是稱呼「主阿，主阿」並不足以使人進天國。事實上，這種稱呼與外邦人毫無意義的重複話一樣（六7）。[27] 耶穌否認七章22節所描述的服事工作是惟一的好果子。說預言與趕鬼並不是好果子的真正指標。超乎異常的工作不見得就是好果子。至終，假先知就像狼一樣具有致命性的毒害。如同一顆結壞果子的樹一樣，他們全然沒有用處。那麼，到底甚麼才是遵行天父旨意的指標呢？這個問題的答案可見於七章24節。這節經文極為重要，將在下一個段落中仔細討論。

3. 省思與應用

藉著這三個類比，耶穌帶出「惟獨祂」的特殊教導。有兩種常見的錯誤與耶穌的特殊教導極為相關。第一，在這個後現代的紀元，一些人認為有許多不同的道路可以通往神的國。這種看法並不正確。任何與這種看法妥協的人已經走上寬門的道路。引至神與永生的道路只有一條，其餘的道路都是通往滅亡的寬路。天國沒有中間地帶。兩個門的例證顯示接受基督教的困難。它也讓我們看見，許多人根本不在乎耶穌的教導，因此選擇容易的道路。窄小的門路要求犧牲與輕省的擔子。事奉瑪門的人絕對無法脫除重擔。

「容易」的道路與我們的預期完全相反，使人陷入第二種常見的錯誤。許多人認為只要他們「聲稱」效忠於耶穌，他們就已經通過窄門。第二個錯誤與第一個錯誤同樣令人悲哀。第一個錯誤預設有許多條道路可以通往神的國度。第二個錯誤預設通往神國度的錯誤道路。許多人沒有以嚴謹的釋經原則解讀登山寶訓，因此錯失了所謂「容易的道路」的意義。他們的錯誤乃是使用自己預設的觀念來研讀經文，而沒有讓整個登山寶訓對他們說話。因此，他們誤以為容易的道路就是困難的道路，反之亦然。這段經文其實是整個登山寶訓結尾部分的開始。窄門與寬門、好樹與壞樹、以及聰明與無知的蓋屋者，以絕對的二元劃分為登山寶訓帶出高潮性的結束。

容易的道路傾向於以外表的服從為滿足，與邪惡假先知及文士的作法毫無兩樣。容易的道路，實際上就是「文士和法利賽人的義」（五20）。有些現代基督徒創造一些注重表面的義行（例如不准跳舞、喝酒、看電影，或注重某種穿著打扮），以確保他們具有合宜與公義的外貌。他們不就像稱呼「主阿，主阿」的假先知一樣嗎？恰恰相反地，困難的道路不僅關注律法的字義，更強調律法的精意。

困難的道路絕對不是設立更多的規條，以創造更多不需要思考的律法主義。遺憾的是，許多基督徒誤將律法主義的義視為真正的義。他們錯誤地將容易的道路視為困難的道路。或許他們認為律法主義的作法更為「嚴謹」。從外表來看，它的確顯得較為嚴謹，但若從實質來看，它卻是容易的道路。困難的道路要求一種強有力的思考過程，並且加上個人的屬靈承諾。太多人只喜歡遵循規則，他們偏好將耶穌的倫理教導視為一套基督徒的生活規則。因為人類具有怠惰的傾向，只想跟隨簡單的規則。但這並不是耶穌期盼的方式。耶穌教導倫理的形式，絕對不是死板與律法主義的服從，這種表現正是法利賽人的記號。耶穌毫無興趣製造更多的法利賽人，使更多人踏上容易的道路。相反地，耶穌希望跟隨祂的人能夠應用祂的思考方式，努力面對現世生活的各個層面以活出天國公民的生命。為了進入窄門與小路，耶穌要求祂的門徒將法利賽人容易的律法主義拋棄在後。耶穌的跟隨者必須除去法利賽人的宗教觀念，以使自己愈來愈符合神的心意。耶穌教導的寬廣度顯明生命的複雜，但神的道路卻也十具彈性，足使信徒能夠面對生命的各樣境遇與挑戰。當然，信徒必須首先願意捨棄阻止自己進入窄門與小路的包袱。

容易的道路可見於馬太福音六章。行善事以滿足自己，正是容易道路的特徵。許多人遵循教導以使自己更加完全，但卻可惜地錯失了更重要的議題。這些人的錯誤就是採取容易道路的心態。這正是耶穌在教導中，不斷帶出的嚴重警告。再次地，我們看見馬太福音六章並未以具體事項的教導為結束。第六章一開始的具體善事，只不過是教導的例證罷了。耶穌以要求信徒重新評估價值觀的一般原則，作為教導的結束。到底誰是我們事奉的對象？到底哪裏是我們投資財寶的地方？所有問題的答案，都取決於內心的態度。也就是，耶穌所教導的「窄門」！

毫無自我省察就快速又決斷地發出論斷，也是容易道路的特徵。有些基督徒總以為自己永遠是對的。他們從來不承認自己曾經犯錯，而只一味地控告他人的錯誤。他們謹慎保持外表的義行，以使自己能夠繼續運用論斷、審判及執行懲罰他人的權利。這些人選擇容易的道路。他們的生活必然受挫，只會留下眼淚滿滿與弟兄之愛消逝的痛苦痕迹。在任何一件論斷的事上，耶穌鼓勵信徒選擇個人內省與集體努力的困難道路。窄門要求天國公民謙卑與謹慎，他們的義行必須以真實的義，而非自己的義為中心。

4. 問題思考

- 試舉一些例子說明容易的道路與困難的道路。
- 使道路成為容易或困難的因素何在？
- 登山寶訓的其他部分與這幾節經文（七13～23）如何相關？
- 對於基督徒而言，甚麼是正確的思考方式？
- 試從登山寶訓的其他部分挑選一些屬於好果子的特質。

註 釋：

1 Strecker, *The Sermon on the Mount*, p.143. Blomberg, *Matthew*, p.127 將兩種意味翻譯出來。第一，在評估的意味上，這個字可被用來形容信徒。第二，在定罪或報復的意味上，這個字可用來代表神。經文的上下文應該是最能指出正確經文涵義的方式，因為翻譯可能只能表達英語的概念。布魯姆伯格則以耶穌不要祂的跟隨者具有審判人的心態，作為釋經的答案。在不要像法利賽人的一般意味上，這句陳述顯然正確。但這並不是耶穌此處教導的精準涵義。

2 相同看法，參 Keener, *A Commentary on the Gospel of Matthew*, p.239。

3 Keener, *A Commentary on the Gospel of Matthew*, p.240.

4 Stott, *The Message*, p.129.

5 我們必須注意單數的假冒為善人士，屬於假冒為善人士團體的一部分。這個單數用法顯示，這是一種每一個人都可能具有的特性。假冒為善人士之團體的特徵，現在可以在不屬於他們團體的人身上偵察出來。

6 Oswald Chambers, *The Best from All His Books*, vol. 2 (Thomas Nelson, 1989), p.167.

7 Stott, *The Message*, p.174.

8 耶利米亞（J. Jeremias）首先提出一項有趣的觀察，他認為「聖物」一字來自亞蘭文，因此具有戒指或聖物的意義。因為耶穌時代並不使用母音，因此，耶穌在登山寶訓時所使用的亞蘭文，的確有可能具有雙重的意義。這項觀察無法被證明但卻極為有趣。有關狗的說法，與亞蘭文之間的可能關係，參 Stephen Llewelyn, "Mt 7:6A: Mistranslation or Interpretation?" *NovT* 31 (1989), pp.98～99。雙關語的用法是絕對有可能的。

9 這兩個動詞都具命令語氣過去不定時時態（aorist imperative），迫切地強調這些事絕對不可行。

10 Hagner, *Matthew 1-13*, pp.171～172; Blomberg, *Matthew*, p.129; John, *Harmony of Matthew, Mark, Luke* (transl. William Pringle; Grand Rapids: Baker, 1993), p.350. Boring, *Matthew*, p.212 坦承了解這節經文的困難度。

11 例如 Green, *Matthew*, p.87; Allison, *Studies in Matthew,* p.676。阿利森指出，「珍珠」是用來描述馬太福音十三章的天國信息（十三45～46）。然而，問題在於珍珠的類比可以極具彈性地被使用。類比是珍珠，但它的本質與其珍貴性有關，而與天國信息無關。在此，正確的判斷極為寶貴，正如天國信息，在馬太福音十三章極為寶貴一樣（十三45～46）。

12 Nolland, *Matthew*, p.324.

13 Keener, *A Commentary on the Gospel of Matthew*, p.242. 然而，在他的註釋書中，基納仍然保存將這節經文應用於傳福音的傳統詮釋方式。

14 Thomas J. Bennett, "Matthew 7.6-a New Interpretation," in *WJT* 49 (1987), p.383.

15 Flusser, "The Decalogue," p.227.

16 例如 Alan Kirk, " 'Love Your Enemy,' the Golden Rule and Ancient Reciprocity (Luke 6.27-35)," in *JBL* 122 (2003), pp.667～686。

17 *chreia*是一種道德教師或人物的陳述與格言。將這種道德人物的格言收集在一起的著作，應當已存在於耶穌的時代。在一個口述、修辭，以及拉比文獻具有令人驚奇的連結之研究中，賈菲（Martin Jaffe）指出，在較後的世紀中（即拉比時期），文字寫作的傳統也影響口述的傳遞。這個發現與本研究極為相關，因為在印刷術發明之前，口述傳統是一種溝通的最普遍方式。參 Martin Jaffe, "Oral-Cultural Context of the Yerushalmi," in Yaakov Elman, Israel Gershoni (eds.), *Transmitting Jewish Traditions: Orality, Textuality and Cultural Diffusion* (New Haven: Yale, 2000), pp.32～33。

18 NET 的註腳實際上認為，由神而來的美好禮物是智慧或引導。我不知道 NET 如何獲得這種結論。或許，重點不在於禮物本身，而在於神所賜禮物的美好。

19 五章17節分別指出律法或先知，僅是為帶出舊約聖經的兩部分。耶穌告訴我們，祂並不是要廢掉舊約聖經的這部分或那部分。此節經文以律法「以及」先知，強調舊約聖經的「完全」。Blomberg, *Matthew*, p.131，布魯姆伯格的觀察極為正確，他認為律法及先知，為耶穌的整段講論提供了架構。

20 參 Alan F. Johnson, "Is there a biblical warrant for natural-law theories?" in *JETS* 25 (1982), pp.191～194，亦引用金律為支持證據。

21 Bock, Herrick, *Jesus in Context*, p.91. Keener, *A Commentary on the Gospel of Matthew*, p.250.

22 Levine, *The Ancient Synagogue*, p.35.

23 Westerholm, *Understanding Matthew*, p.89.

24 在末世意義的層面上，使用「滅亡」或「毀滅」的字彙，可見於馬太福音的娶親筵席比喻（二十二7）。

25 參 Stott, *The Message*, pp.194～195。

26 Anderson, "Matthew: Sermon and Story," p.241. 相異看法，參 Green, *Matthew*, p.90，該文有趣地認為馬太所指的，可能是當時到處巡迴的講道者。

27 事實上，這節經文（七21）對於整個論證非常重要，以至於Wallace, *Greek Grammar*, p.523 將它的現在式，視為格言式現在時態（gnomic present），也就是代表一般真理的時態，而非普遍使用的進行式現在時態（progressive present）。

第六章

結論：回應（七24～27）

引言

這段經文是整個登山寶訓的結論。我對於這個段落的觀察將十分精簡，因為所有必須提出的問題都已在前文詳細討論。在此，我僅為耶穌這段令人訝異的有力講論，作出一個簡單的總結。

詮釋

由七章24至27節，我們看見天父的旨意就是要信徒聽見並實行耶穌的教導。耶穌以呼召信徒順服，總結整個登山寶訓。直至目前，耶穌論及的順服與實行，並非說預言或趕鬼等特殊事件。可見，順服並不需尋求持續不斷的神蹟經歷。實際上，耶穌所指的順服，就是在每天平凡的生活中實行耶穌的教導，這才是屬靈成熟的記號。

最後一個類比並沒有為耶穌的聆聽者，帶出任何結論性的觀點。相反地，它倒是激起羣眾的反應。它要求馬太福音的讀者作出抉擇的回應。這個類比與蓋房子的人有關。這個類比的使用清楚顯示耶穌的教導是一種智慧箴言，因為祂以聰明與無知區分兩種蓋房子的人。遵行耶穌教導的人，可以在暴風雨中站立得穩。他們首先以聽見，而後以實行耶穌的話語來跟隨耶穌。他們先藉著聽見獲取智慧，再將聖者耶穌的智慧教導實行出來。[1] 沒有實行耶穌教導的人，無法承受任何壓力。他的不順服將使他全然跌倒。他將如同箴言中的愚昧人一樣，走上毀滅的道路。

簡要來說，門是生命的方向，果子是工作，而房子則是蓋房子的人是否順服的指標。正確的生命方向將結出好果子。而這些好果子，將為突然來臨的暴風雨提供安全的保障。

省思與應用

我們已經對於耶穌的教導提出許多討論。有些人認為，耶穌是一個好教師。但祂不僅是一位偉大的教師，祂還是一位超羣無比的教師。祂就是最高智慧的化身。這是大部分基督徒所承認的事實。

在更仔細的檢視之下，我們發現我們對於耶穌教導的理解，常與耶穌教導的真義有所差別。當耶穌談到「聽見」是「實行」的前導時，祂也暗示教育性的聆聽是有效實行的先決條件。一種具教育性的聆聽方式，要求聆聽者謹慎地揭開耶穌教導的所有真理。聆聽者必須付上理性思考的努力。許多人誤以為耶穌只焦點於行動的實踐。這種滿心熱誠的人成為只會以律法主義的方式，遵循耶穌登山寶訓的教導，而不會適當運用原則的人。對於教導內容有所理解的聆聽方式，必須先於教導的實行。耶穌認為每個人都應該嚴肅思考祂的話語。任何一位基督徒若忽略登山寶訓所帶出的智力挑戰，將使自己的屬靈進展大打折扣。

當我們更仔細地解讀上下文時，我們發現耶穌的教導具有反文化的特性。祂的教導不僅針對當時文化，連現代文化也不例外地涵蓋其中。耶穌不僅建議只有一條路可以跟隨神，祂所建議的這「一」條道路似乎還與人想要尋找的容易道路恰適相反。簡單又不用思考的律法主義，是人的天然傾向。對於馬太而言，僅僅說明耶穌是惟一的道路，或耶穌提供惟一的道路並不足夠。聆聽者必須仔細思考到底甚麼是這「一」條道路。而由登山寶訓的上下文來看，這個問題的思考顯然並不容易。耶穌的門徒應該不斷地在內容上再思登山寶訓的正確信息，並且還要在寫作用意與修辭表達上進入耶穌教導的精意。如此，我們才不會因錯誤的順服，而無法活出真正順服的生命。最悲慘的就是當我們稱呼「主阿，主阿」時，主耶穌竟然回答：「我從來不認識你。」

問題思考

- 登山寶訓在哪一方面最讓你困惑？
- 登山寶訓在哪一方面最具挑戰性？
- 天國公民應該採取何種理智與屬靈的定位？
- 為了使自己能夠更合乎耶穌的理想，你認為你在哪方面需要重新調整？
- 試用一句話描述你所理解的登山寶訓。

註 釋：

1 七章26節的兩個分詞「聽」與「行」，指向七章24節所論及的選擇。更詳細的討論，參 Robertson, *Grammar*, p.772。這兩個分詞由一個冠詞連結在一起，使得這兩個行動緊密相連，並且指出順服之人的完全。

緊扣時代 服事教會

以文字傳揚基督真道

讀者意見表

衷心多謝你購買本社書籍。本社一直致力以出版事工服事教會，幫助信徒扎根於神的話語，促進靈命增長。為使我們的出版更能滿足你的需要，請填寫下列各項資料，並寄回或傳真予本社。

所購書籍：＿＿＿＿＿＿＿＿＿＿＿＿＿＿

本書最吸引你的地方：

☐作者 ☐適切性 ☐文筆 ☐設計 ☐實用性

☐其他：＿＿＿＿＿＿＿＿＿＿＿＿＿＿

購買本書地點：

☐基道書樓 ☐基督教書店 ☐非基督教書店

性別：☐男 ☐女 職業：＿＿＿＿＿＿＿＿

信仰：☐基督徒 ☐非基督徒

年齡：☐ 16 歲或以下 ☐ 17～25 歲 ☐ 26～35 歲
☐ 36～55 歲 ☐ 56 歲或以上

學歷：☐中三或以下 ☐中五 ☐預科
☐大學 ☐研究院

☐我欲更多了解基道出版社的事工及考慮支持，請寄給我下列資料：

☐機構簡介 ☐新書資料 ☐基道會員通訊

☐《基道文字事工通訊》

姓名：＿＿＿＿＿＿＿＿＿＿＿＿電話：＿＿＿＿＿＿＿＿

地址：＿＿＿＿＿＿＿＿＿＿＿＿＿＿＿＿＿＿＿＿＿＿

＿＿＿＿＿＿＿＿＿＿＿＿＿＿＿＿＿＿＿＿＿＿

傳真：＿＿＿＿＿＿＿＿ 電子郵件：＿＿＿＿＿＿＿＿

其他意見：＿＿＿＿＿＿＿＿＿＿＿＿＿＿＿＿＿＿＿＿

＿＿＿＿＿＿＿＿＿＿＿＿＿＿＿＿＿＿＿＿＿＿＿＿

多謝賜教！

基道出版社

意見表可以傳真（2687-0281）或直接郵寄以下地址：
香港沙田火炭坳背灣街26號富騰工業中心1011室
基道出版社編輯部收